C'est le tome II ;
voyez les 2 étoiles

CENT ANS

AUX

PYRÉNÉES

CENT ANS

AUX

PYRÉNÉES

— * * —

Chausenque.
Romantisme. — Franqueville et Tchihatcheff.
Les Officiers topographes.
Lézat. — Tonnellé.

LÉZAT.

PARIS
1899.

1830-1860.

Le pyrénéisme des quarante premières années à dater de 1787 s'était concentré dans une seule individualité.

Un homme. Un pic. Un livre.

Ramond ! Son originalité essentielle est précisément de n'avoir pas été que pyrénéiste : de composer par l'ensemble de sa carrière, écrivain, homme politique, montagnard, savant, administrateur, un « personnage » considérable. Dans l'histoire des Pyrénées, unique.

Le Mont-Perdu de Ramond ! A côté de ce long duel d'un homme et d'un pic, sorte de magnifique « phrase d'épée », les simples coups droits de Delfau et de Parrot sur le pic d'Ossau ou le pic de la Maladetta passent inaperçus.

Les deux cents pages de Ramond ! Ceci est le jugement de la postérité. Mais les contemporains, qui, en matière d'ascensionnisme, manquaient de contrôle, furent tentés de lui adjoindre Dusaulx, l'homme des « mille pics » et des effroyables dangers ! Dusaulx, « rival de Ramond, de Saussure », écrivait Mérard Saint-Just. Oui, le bon vieux Dusaulx, que le médecin Fabas, de Saint-Sauveur.

représentait en 1799 pleuré par la nymphe de Gavarnie dans une pompe funèbre inspirée des fêtes directoriales, et léguant à son guide Bergès — avec l'exhortation à la vertu — son armure (!), c'est-à-dire son bâton ferré, et les crampons dont il ne s'était jamais servi !...

Dans les trente années suivantes, l'attaque des Pyrénées est généralisée et répartie.

Comme il convient en matière de siège, le premier rôle est aux officiers des armes savantes. Les géodésiens commencent par la désormais célèbre campagne de trois ans, dix-huit mois effectifs, deux cents nuits sous la tente. Vingt-cinq ans plus tard, les topographes reviennent pour la grande campagne des deux mille journées en haute montagne, et virtuellement la carte du versant Nord est faite. Il n'est plus dans les Pyrénées françaises un repli qui se soit soustrait au regard humain.

Dans l'ordre des ascensions : conquête des grands sommets par les Peytier et Hossard, les Chausenque, les Franqueville et Tchihatcheff, les Nemours, les Lézat, les Halkett, etc.; et par ceux qu'il ne faut pas oublier : les guides, les vaillants successeurs des Rondo et des Laurens, les Cazeaux, les Latapie, les Nate, les Bernard Ursule, les Argarot, les Sanio, les Bastien Teinturier, les Lafont, les Mitchot, etc.

Dans l'ordre littéraire, c'en est fait, à peu près, du genre déclamatoire creux de la période primitive. A part cela, toute la lyre ! Et crescendo. — Livres d'établissements thermaux, se multipliant en raison directe de l'immense invasion des baigneurs. — Récits de vallées et de montagne moyenne, à l'usage du gros de l'armée touriste.

Quelques-uns, remarquables de charme. — Livres d'hommes qui veulent parler montagne sans monter : là sont des noms grands dans les Lettres (erreur de croire que le style peut remplacer la technique : dans l'espèce, la connaissance de la montagne). — Improvisations de quelques-uns qui ne sont pas montés et qui racontent qu'ils sont montés ! ceci est la note gaie. — Morceaux de sommets, enfin, de plus en plus fréquents à mesure que l'homme s'enhardit : sévères comme les tableaux de visées de Corabœuf et Peytier, éclatants comme le capital bulletin de victoire de Franqueville, brillants comme l'article du prince de la Moskowa, pratiques comme les itinéraires de Lézat.

La littérature de la période moyenne commence par un livre fondamental, qu'on ne lit plus, et finit par un livre de premier ordre, qu'on n'a jamais lu. Livres bien différents : un traité, et un aperçu. D'un homme qui a pratiqué les Pyrénées toute sa vie : et d'un jeune homme qui ne fit qu'y paraître.

Mais ce que le second a vu pendant son rapide passage, c'est cela exactement qui manque au premier pour être le pyrénéiste complet.

Tous deux ont senti la montagne avec une force exceptionnelle.

Le premier, doux comme la France. Le second, brûlant comme l'Espagne.

Chausenque, plus poète, dégage comme l'arôme des Pyrénées.

Tonnellé, plus peintre, en rend la lumière.

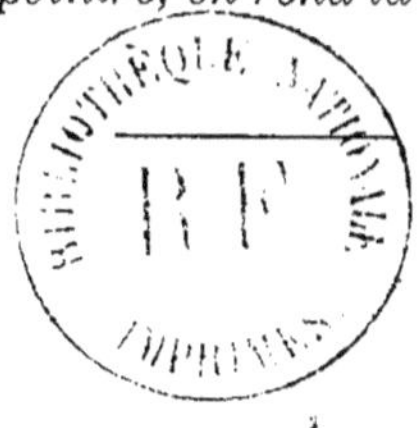

CHAUSENQUE

I.

1830.

« *La Révolution du 30 Juillet 1830, profondément histo-*
rique, nous ayant placés dans un nouvel ordre d'idées,
le Voyage aux Pyrénées françaises et espagnoles *est par-*
venu à sa quatrième édition.... »

C'est par ce coq-à-l'âne que commence l'édition de 1832
(Paris, Delion-Deville, Firmin-Didot, in-8°) du livre de
J. P. P***. — Et qui est J. P. P*** ? — Picqué, de Lourdes.
— Celui de 1789 ? du voyage dans les Pyrénées *dirigé*
principalement dans les vallées ? — Le même. Son livre,
revu, augmenté, est devenu un « voyage dans les Pyrénées
françaises et espagnoles », mais derechef livre de vallées,
et sentant toujours son 1789. Politiquement surtout : c'est
du Picqué enragé.

« *Toutes les pensées de l'Europe étant dirigées dans ce*
moment sur la France.... on ne sera pas surpris de
trouver dans le Voyage aux Pyrénées *l'état de la puissance*
morale de trente millions de Français, que les sophismes

*ambigus les plus subtils des factions ne sauraient égarer…
La nation jugera sa propre cause et l'opinion pyrénéenne,
développement remarquable d'une raison supérieure* (?).
*Rassurons nos amis de l'étranger, trompés par les
écrivains aux gages de la tyrannie sanguinaire et
humiliée….* » Etc., etc. : Rothschild, Metternich, le cabinet
anglais, le rusé Louis XVIII, les prêtres, le ministère
français allié du Saint-Office, les tyrans de la Péninsule,
les ministres prévaricateurs, l'audace insensée de Charles X,
Polignac, les Polonais, les Belges, les Italiens, le peuple
français assassiné, la garde nationale, la République, etc.

C'est une façon toute spéciale de parler Pyrénées. Mais
c'est une des notes nécessaires de la gamme. Nous avons eu
les récits de pyrénéisme légitimiste. M. Thiers faisait du
pyrénéisme d'opposition. Voici le pyrénéisme de révolution,
avec préface aux pavés de Juillet.

Le vieux Picqué n'entend pas raillerie sur son pays et ses
compatriotes. Il n'aime pas « les vers échappés à M. de
Marcellus sur une région qu'il avoue ne pas connaître ». Il
n'aime pas le propos de La Boulinière sur les dames de
Tarbes (*beaucoup de sensibilité, d'imagination prompte,
et les passions très vives, mais de courte durée*). Surtout il
abomine le comte Orloff, qui, suivant lui, n'a pas suffisamment bien parlé des populations pyrénéennes : « *Un de ces
moscovites, Orlof, dont Montesquieu a dit que, pour les
rendre sensibles, il faut les écorcher…* »: Nous sommes
encore loin de l'hymne russe !

Mais il aime le bon docteur Sarrabayrouse, de Bagnères.
Et de fait, c'est une aimable physionomie de médecin d'eaux
que ce Sarrabayrouse. Sa médecine est composée de plaisirs
et de promenades ; il pourvoit à tout ce qui peut être utile
ou agréable à l'étranger ; il indique les locations, les bons
gîtes, les restaurateurs, les spectacles, les bals, les concerts,
les fêtes de Frascati. Ses ordonnances pour paralytiques

et rhumatisants comportent des courses de grand matin sur les pentes escarpées, où ils devront s'entretenir d'idées romantiques (*sic*); l'exercice, la gymnastique ! (c'est le principe actuel : *une course en montagne compte pour une douche ou un bain.*) Mais comme Sarrabayrouse, ou quelqu'un de ses confrères, disait à une femme faible et dans l'épuisement : *Promenez-vous pour rétablir vos forces*; elle répondit : *Donnez-moi des forces pour que j'aille me promener!...*

Quant aux montagnes, Picqué continue à n'en pas parler.

A. A*** (Arnaud Abadie, de Lourdes) non plus, qui publie en 1833 la troisième édition de son *Itinéraire*. (Il y en aura encore une en 1850 !) Mais son propos est le détail des sources thermales, leur analyse, et avec lui nous commençons à entrevoir ce que l'on vient soigner aux Pyrénées : rhumatismes, catarrhes, etc. La floraison de la littérature pyrénéo-médicale et des brochures de médecins d'eaux est imminente...! C'est encore une nouvelle manière.

Note scientifique moins pénible : la *Relation des expériences physiques et géologiques faites au lac d'Oo en 1831*, par Nérée Boubée (Paris, Levrault et Crochart, et Toulouse, Vieusseux, 1832, in-18, fig.). Le sondage du lac donna soixante-quinze mètres de profondeur maxima.

C'est en 1832 que le *Mémorial du Dépôt de la Guerre* donnait— insérée dans la *Nouvelle Description géométrique de la France* par le colonel Puissant — la *Description trigonométrique des Pyrénées*, par le colonel Corabœuf, travail scientifique qui faisait faire un pas décisif à la connaissance pittoresque de la chaîne. La hauteur des pics était fixée.

Il ne faudrait pas juger les officiers géodésiens sur le laconisme de leurs rapports et la sécheresse de leurs chiffres, et croire qu'en dehors de l'*x*, des triangles et des pointés ils eussent des yeux pour ne point voir. Il faudra toujours regretter qu'ils n'aient pas laissé un journal intime de leur incomparable campagne de trois ans, car ils étaient fort capables des détails pittoresques. Ainsi, un peu plus tard, en 1837, Peytier, faisant à la Société de Géographie une communication « sur quelques phénomènes météorologiques observés dans les Pyrénées », notamment sur la formation des orages, racontait : « Le 15 juin 1825, étant occupé avec M. Hossard à faire établir un signal au sommet du pic d'Anie, nous y éprouvâmes un orage par moments très fort, accompagné de grêle, et qui dura fort longtemps. Dès notre arrivée au sommet, nous entendîmes un petit bruit occasionné par un courant d'électricité passant par ma canne qui avait une pointe d'acier. Nous étions vers la limite des nuages orageux et nous courions grands risques d'être foudroyés : par moments nos cheveux se dressaient et les hommes qui construisaient notre signal disaient que le diable leur tirait les cheveux et qu'ils avaient des mouches autour des oreilles... Le 9 août 1826, dans la nuit, un violent orage éclata sur la montagne de Troumouse, 3,086 mètres, avec tant de force, que les habitants du village de Héas nous croyaient foudroyés. Nous éprouvâmes deux fortes commotions dans notre tente et le fusil de M. Hossard qui était à quelque distance eut deux ou trois points fondus... Les 25 et 26 août 1826, au pic de Balétous, 3,146 mètres, orage et grêle. Le tonnerre tomba à quelques pas de nous sur un piquet auquel était pendue une perdrix. L'extrémité du piquet fut charbonnée et une traînée de plumes fut enlevée à la perdrix... ».

Et après avoir mentionné, dans un ordre d'idées différent, un halo double vu autour du soleil au pic du Midi, Peytier passait à un autre mémoire sur un autre sujet : le climat de la Grèce...

Vers 1832, grande transformation des idées géologiques. Le neptunisme est en déroute, le plutonisme triomphe sans conteste. Les montagnes n'ont plus été apportées par les eaux ; elles sont le résultat de *soulèvements*. — Elie de Beaumont et Dufrénoy. — On connaît le système d'Elie de Beaumont : chacun des terrains dont se compose l'écorce terrestre est déposé dans le calme au fond des mers, et forme comme un chapitre de l'histoire du globe. Puis, après chaque dépôt, après chaque chapitre, en manière de cul-de-lampe, un cataclysme : soulèvement d'un système de chaînes de montagnes ; toutes les chaînes provenant d'une même poussée sont dans la même direction, parallèles entre elles suivant des cercles de la sphère, et coupant les méridiens sous le même angle, de sorte qu'à l'inclinaison d'une chaîne sur le méridien on reconnaît l'époque du soulèvement. Dis-moi ton angle, je te dirai ton âge. Le soulèvement des Pyrénées a le numéro treize sur dix-sept. De plus, les Pyrénées, sans discussion possible, tant la chose paraît évidente, sont le parfait modèle d'une « chaîne simple » avec une crête centrale, d'où partent rigoureusement perpendiculaires, en *arêtes de poisson*, en *dents de peigne*, des chaînons secondaires, lesquels projettent, à angle droit, toujours, des rameaux tertiaires. Bref, les Pyrénées sont la régularité absolue, cristalline : la *feuille de fougère !*...

Jamais conception scientifique ne fut d'une simplicité plus grandiose et plus séduisante et ne donna davantage l'illusion du génie. Mais bientôt il faudra l'étayer contre les objections en la surchargeant de nouvelles et innombrables directions de soulèvements ; et le système simple croulera sous les complications et l'enchevêtrement.

Mais pendant quarante ans, quelle gloire !

Cependant, un demi-siècle va s'être écoulé depuis la

découverte des Pyrénées par Ramond, et l'on n'a pas encore une description d'ensemble de la chaîne.

Alors, Chausenque se décide à réunir ses notes et à publier le récit de ses courses d'une mer à l'autre. Non qu'il eût exploré les Pyrénées méthodiquement en vue d'un guide à faire, mais en donnant ce qu'il avait il n'en rendait pas moins un service inappréciable. Son livre, venant à point pour remplacer ceux de Ramond disparus de la circulation, va occuper seul la scène pendant un quart de siècle. On ne saurait donc en exagérer l'importance : reste à en préciser la valeur.

II.

D'UNE MER A L'AUTRE. — LA RHUNE, ETC.

Chausenque— « Monsieur de Chausenque »— a laissé aux Pyrénées un nom réputé, respecté, et qui s'est maintenu. On ne lit plus son livre, mais on répète encore de confiance ses recommandations sur le bâton ferré et les souliers à clous carrés, et, par les citations du guide Joanne, nul n'ignore aujourd'hui que Chausenque fut. Quel il fut au juste, voilà ce que l'on ne sait plus — si tant est qu'on l'ait jamais su. Explorateur-grimpeur ? Naturaliste ? Écrivain ?

Un seul témoin peut maintenant nous renseigner :— Chausenque lui-même. Interrogeons-le dans son livre ; dégageons-en ses états de service, ses campagnes pyrénéistes.

« Bien jeune encore, j'ai vu les Pyrénées. La vive impression que firent sur moi leurs masses sourcilleuses ne s'est plus effacée... » Ainsi commence-t-il, et sans aller plus loin nous sommes fixés. Qui a vu jeune les Pyrénées est mordu au cœur, l'amour des Pyrénées ne le quittera

plus ! Merveilleux privilège de ces montagnes-femmes,
comme on les a appelées, de susciter des passions de toute
la vie. On leur chanterait comme Paul à la Virginie de
Victor Massé :

> *Par quel charme, dis-moi,*
> *M'as-tu donc enchanté ?*

Chausenque les a vues jeune, donc il y reviendra toujours :
son originalité sera d'être le premier des grands amoureux
des Pyrénées.

Une remarque, qui est la clef de tout. La date de son livre,
de la deuxième édition, la plus connue, est 1854. A première
vue Chausenque, dont les lecteurs furent les hommes de
l'âge-moyen pyrénéiste, semble lui-même un homme du
gouvernement de Juillet ou du second Empire. Mais sa
première édition est de 1834, et par conséquent les éléments
en sont encore antérieurs. De l'Empire, certes, Chausenque
en est, mais du premier ; pur Empire et Restauration : à
écrire que, fatigué, il s'est couché, *nouveau Tityre*, à
l'ombre d'un hêtre, ou qu'ayant soif il n'a pu, *nouveau
Tantale*, atteindre à une cascade ; à appeler une avalanche
l'épée de Damoclès, et les bains sulfureux *les faveurs
d'Hygie*. Chausenque, c'est ce qu'il faut ne pas perdre
de vue pour le comprendre, est encore un primitif du
pyrénéisme. Comme tel, très remarquable.

Vincent Chausenque est né à Gontaud (Lot-et-Garonne)
le 9 avril 1782. Un premier voyage aux Pyrénées en 1793, à
onze ans, fait naître en lui le goût de l'histoire naturelle,
botanique et géologie. Elevé à Sorèze — d'où s'aperçoivent
les Pyrénées — il reçoit une instruction très développée :
plus tard il citera volontiers de l'anglais ou de l'italien,
Thomson ou Métastase. Elève sous-lieutenant à l'école du
génie à Metz en janvier 1802 (et toujours naturaliste

amateur) ses premières ascensions se trouvent être les
mêmes que celles de Ramond : la flèche de Strasbourg et les
Vosges. Lieutenant en novembre 1802 au camp de Boulogne ;
chargé du levé de la baie d'Etaples, déjà délicat de tempérament à la suite d'une rougeole de sa première jeunesse,
il contracte rhumatismes, sciatique, ophtalmie : l'œil droit
compromis. En juin 1804, il passe pour raison de santé dans
la direction de Bayonne, chargé du service des plans de
Tarbes, Lourdes et Barèges. Et le voilà ramené, par carrière,
en pleines Pyrénées.

A Bayonne il a tout loisir de se rendre à l'embouchure
de l'Adour pour contempler longuement l'Océan ; la nuit
l'y surprend souvent donnant cours à ses méditations.
Dans son service, à Saint-Jean-de-Luz, est le fort du Socoa :
c'est du haut de sa tour que pour la première fois il voit
une tempête, qui l'impressionne pour toujours: une de
ces terribles mers du fond du golfe de Gascogne.

Promenades à la grotte d'Amour, et à un modeste village
de pêcheurs, Biarritz, avec son promontoire, l'Atalaye, et
ses rochers creusés par l'Océan et que les jours de mauvais
temps, les lames viennent assaillir en coups de canon :
« Il faut voir la mer du haut des falaises de Biarritz, mais la
mer courroucée : c'est un des plus grands spectacles qu'il
soit donné à l'homme de contempler.... » Dans les beaux
jours d'été, alors, on vient de Bayonne « chercher à marée
basse, parmi les rochers, » (au Port-Vieux) « à l'abri des
regards indiscrets, de jolies baignoires, remplies d'une eau
limpide, où les fucus et les polypes font briller leurs vives
couleurs » : la coutume est de prendre des cacolets,
« doubles sièges sur la même monture, où deux personnes,
sous un parasol commun, et bravant le passant curieux,
peuvent faire un long *a parte*, tandis que la discrète et jolie
fille de Biarritz, au court jupon, à la mise coquette, presse

le cheval en chantant, indifférente au duo qui se cache sous les rideaux ».

Guidé par un de ses gardes du génie, un jeune Basque, il fait l'ascension de la Rhune, si facile et si splendide. Et il note : « La journée était superbe : des flots de lumière se répandaient sur les plaines, sur les montagnes, sur le vaste Océan.... Tout y semblait immobile et je ne jugeais du mouvement des eaux que par de blanches traînées, cachées çà et là derrière les caps de la Biscaye.. Une fonte de neige avait grossi l'Adour dont les eaux, à peine hors de son embouchure, fléchissant au midi, se prolongeaient en une bande jaune nettement tranchée avec le vert de la mer. Sur la côte française, au loin déserte, se distinguaient la citadelle de Bayonne et les villas de Saint-Etienne, les sables d'Anglet, les falaises de la Chambre d'Amour, Biarritz et ses brisants, Bidart, Guéthary, et sous mes pieds Saint-Jean-de-Luz.... Je planais sur un petit territoire célèbre... les hauteurs de la Croix-du-Bouquet, la montagne de Louis XIV, le pas de Béhobie et son pont neuf, l'île de la Conférence, Hendaye et ses ruines opposées à celles de Fontarabie, Irun, première ville espagnole, dans un bassin cultivé, le château du Figuier sous la montagne d'Esquivel.... » (la Rhune elle-même, alors, n'avait point encore été arrosée de sang !) Et vers l'Ouest : « les Pyrénées, désormais en Espagne, se prolongent en une suite de mornes d'un aspect monotone.... La montagne de Haya » (ou des Trois-Couronnes, en forme de molaire) « dont la tête couronnée est depuis Bayonne le point de mire du voyageur, offre seulement quelques formes âpres, à une élévation de 500 toises.... »

La Rhune, Biarritz, l'Océan : commencement d'une série suivie de panoramas pyrénéens, dont la fin sera le Canigou, Port-Vendres, la Méditerranée.

Lourdes est encore, sous l'Empire, une prison d'État. Le jeune officier s'emploie avec bonheur, dit-il, à soulager « les victimes du sceptre de fer qui pesait alors sur la France ». De Lourdes, les excursions classiques pour se distraire : Bagnères-de-Bigorre, la ville des plaisirs, de Frascati et du Vaux-Hall. Le 15 août, on fait la partie de se rendre au pèlerinage de Bétharram, alors en pleine vogue et que celui de Lourdes, depuis, a supplanté. Chausenque, quoique méridional, est surpris, même choqué, du côté inévitablement bruyant d'un grand pèlerinage de méridionaux, et de ce pèlerinage plus joyeux que dévôt il fait un tableau très vif : « Sur la route, c'était comme une foire, et le village de l'Estelle qui précède le couvent était tellement emcombré de bêtes et de gens, qu'à grand'peine y pûmes-nous trouver place. Au bout d'une longue table où une vingtaine de paysans et de paysannes étaient chantant à gorge déployée et buvant sec au refrain, nous pûmes enfin procéder à l'ouverture d'un pâté.... Devant l'église, c'était une cohue à ne pouvoir ni passer ni s'entendre, et pour rentrer dans le saint lieu il fallait livrer combat... Un prédicateur dans la chaire expliquait à ses rustiques auditeurs, en patois béarnais, la vie de la Sainte-Vierge... Je ne pus qu'être scandalisé de la conduite irrévérencieuse de ces prétendus pèlerins. Les éclats bruyants de la foule joyeuse qui entourait l'église, les cris des marchands de chapelets, de mirlitons et de gâteaux, les disputes de ceux qui se cognaient à l'entrée, et le bruit confus qui s'élevait de tous les points du temple, tout cela faisait un tintamarre, un bourdonnement insupportable, qui permettait à peine de saisir quelques mots du sermon.... Suffoqués par la chaleur, assourdis par le bruit, nous sortîmes de l'église à nos risques et périls, et montâmes au calvaire. Les rochers retentissaient du chant des cantiques, et ces beaux lieux s'embellissaient encore des jeunes béarnaises et bigorraises qui, précédées de la croix pastorale, en parcouraient les sinueuses rampes.... » Et le soir on allait à Pau voir les illuminations de la Saint-Napoléon et le feu d'artifice.

Dans la région classique du Gave de Pau, à Barèges, Saint-Sauveur, le lieutenant Chausenque est sur son terrain de manœuvres ; il s'y trouve de fondation, et en service.

Naturellement, il fait toutes les excursions déjà traditionnelles, poussant souvent jusqu'à Cauterets, — le Cauterets de la reine Hortense, de Dureau-Delamalle et de la duchesse d'Abrantès.

Il est un fidèle du lac de Gaube, où il conduit de jeunes baigneuses qui, dans leur zèle, dédaignent le secours des robustes porteurs. « Parties rendues piquantes par l'aimable liberté qu'elles autorisent ! ».

Il est un habitué de la Piquette, un récidiviste du pic du Midi, où il monte la nuit avec le secrétaire général La Boulinière et son frère pour y assister au lever du soleil :

« Nos yeux fixés sur l'Orient guettaient ses premières lueurs. Elles parurent enfin, vers des hauteurs fort éloignées dont les contours obscurs tranchaient sur l'horizon blanchi. Je les reconnus pour la Montagne Noire où est Sorèze. A leur aspect mille souvenirs de ma jeunesse se réveillèrent et je saluai, le cœur ému, ces humbles cimes témoins de mes premières courses, d'où j'avais si souvent admiré les majestueuses Pyrénées... »

Il croit même discerner la hauteur relative des grands sommets par leur ordre successif d'illumination.

« A l'approche de l'aurore, le vent du midi s'était calmé et l'air était devenu moins froid. La lumière, se répandant peu à peu sur la terre, faisait sortir à chaque instant du sein des ombres de nouvelles parties de la surface. Scène sublime, spectacle magnifique où l'imagination exaltée pourrait croire assister à une nouvelle création !.... Cette atmosphère s'éclairant peu à peu, les plaines et les montagnes sortant de l'obscurité comme si elles se dégageaient du chaos primitif, les étoiles qui s'éteignent, les ombres qui deviennent diaphanes, et l'aurore dans son éclat répandant enfin sur les neiges et les glaciers ces teintes pures d'azur et de rose... Tout à coup, les neiges de la Maladetta resplendissent, tandis que pendant un instant fugitif, l'ombre couvre encore le Mont-Perdu et le Vignemale. Après ces trois monts principaux, le soleil dore les cimes du pic Long, du Néouvielle, avant de les éblouir de ses feux.... Il parut enfin, et nous saluâmes avec tout l'enthousiasme de ses anciens adorateurs ce roi du ciel qui semblait participer à la puissance du Créateur en renouvelant les merveilles du premier jour.... »

Le lever du soleil en montagne a été article de foi pendant trois quarts de siècle. Aujourd'hui il commence à être regardé comme une mystification, un spectacle froid et sans relief, où l'on grelotte en pure perte. Le coucher du soleil est devenu le beau moment.

C'est dans le triste Barèges que Chausenque est le plus heureux. En l'y appelant, le devoir de l'officier topographe sert les goûts de l'amateur d'histoire naturelle. Jeunesse et science ! *rosa pyrenaïca* et granit en place !

Pour Barèges, les pages les plus pénétrées de tendresse ! Tout est brillant et poésie ! tout est enchantement, suave odeur aromatique de l'armoise des rochers, beaux panaches de la grande saxifrage, touffes rouges des primevères alpines, arniques au disque doré, élégantes anémones, grandes gentianes montrant de loin leurs verticilles jaunes, vératres qui balancent orgueilleusement leurs longs thyrses verts ! air pur des hauteurs, tapis de verdure, innombrables fleurs, longues herborisations rafraîchies par le lait des cabanes de bergers et le « fraisier du botaniste »; sommets

de l'Ayré et de l'Asblancs, Rioulet dévastateur, paisible
Justé, lacs de la Glaire, d'Escoubous, de Trassens,
d'Aygues-Cluses, Sardey aux épaules rembrunies, Espade,
double cime du pic de Saint-Augustin, roc pourfendu de
Péne-Taillade visible de vingt lieues, crêtes déchirées, hauts
fonds neigés, chaos, « éternels laboratoires », iris entier
(spectre du Brocken) vu en revenant du lac de Lhéou...!
Repas animés dans ces aimables courses où l'air vif des
montagnes aiguise toutes les facultés, où l'on jouit à la fois
de ce qu'on a vu, de tout ce qu'on voit, et de ce qu'on espère
voir encore ! Mille sensations ! « *Journées charmantes, vos
souvenirs ne peuvent s'effacer, et de douces pensées se
reporteront toujours vers des lieux où j'ai mené longtemps
une vie selon mes goûts !* »

Pour tout dire, en arrivant à Barèges, le lieutenant
Chausenque avait vingt-deux ans !

Immédiatement, une passion :

Chausenque, ainsi qu'il arrive souvent, s'éprend
spécialement d'une montagne : il choisit le Néouvielle, à la
triple cime vierge ; « le colossal Néouvielle », comme il le
nomme ; « l'éclatant, l'effrayant Néouvielle », comme l'appelle
La Boulinière. Pourquoi le Néouvielle ? Apparemment, parce
que Ramond l'a reconnu « l'axe granitique primitif ». Or,
Chausenque est pénétré de Ramond, et il se pique de
géologie : c'est donc une excitation géologique qu'il éprouve.

De même pour l'Ardiden, « dédale de pics, de crêtes, de
berceaux neigés, région glacée d'où de longues arêtes
descendent et vont menacer de leurs plus basses saillies la
tranchée profonde où se succèdent le curieux qui va visiter
Gavarnie ou l'Arcadie alpestre de Troumouse et d'Estaubé,
le contrebandier chargé de quadruples espagnols, et le
pèlerin de Héas ».

De même pour le pic d'Ossau.

Mais les passions de Chausenque savent attendre. Ces sommets qu'il veut, l'Ardiden, l'Ossau, le Néouvielle (qui tous trois, remarquons-le, ne sont pas dans la ligne de faîte), il les aura ; mais il y mettra respectivement vingt-trois ans, trente-trois ans, quarante-trois ans !

Sitôt arrivé aux Pyrénées, il tâte le Néouvielle, va l'observer du col d'Aure. Là, assis sur un quartier de roche éboulé, respirant avec délices l'air vif des hauteurs, dominant (avant La Boulinière) deux nappes d'eau séparées par un isthme (les lacs d'Aubert et d'Aumar), devinant la vallée d'Aure, apercevant à travers l'air diaphane les masses « resplendissantes » de Clarbide et de La Pez, admirant l'azur foncé du ciel et les rares vigueurs de ton de toutes les teintes, il voit à sa droite le cône immense de la montagne et l'arête du col allant se perdre sous un vaste manteau de neige très incliné se précipitant jusqu'au bois du lac d'Aubert. « Les rayons du soleil réfléchis par ces neiges en faisaient ressortir comme des jets de feu, et cette coupole éthérée projetant sur un ciel d'azur, au milieu d'une auréole, ses éblouissantes draperies, formait au haut des airs un sublime tableau. » Chausenque scrute cette pente de neige du Néouvielle (comme plus tard on scrutera l'arête du Cervin ou la muraille de la Meije : chaque difficulté sera résolue en son temps, et il y a commencement à tout) : sauf une chaîne de rochers voisine du sommet et qui laissait des doutes, l'arête paraissait, avec des circonstances favorables, accessible.

Va-t-il essayer ? Non. Alors on réfléchissait, on calculait longuement. Le prestige des hauteurs était immense.

Chausenque alla simplement causer du Néouvielle avec Ramond.

Ici, en effet, nous sommes vraisemblablement en 1805, Ramond est à Barèges. Et, à son sujet, Chausenque nous donne un joli motif épisodique pour l'histoire pyrénéiste.

Un jour, parti seul pour herboriser aux cascades d'Escoubous, il rencontre Ramond qui, le marteau à la main, explorait les ravins de la Piquette. (Quelle fut la conversation ? On peut la supposer telle : le célèbre vainqueur du Mont-Perdu et l'obscur aspirant à la conquête d'une grande cime vierge s'entretiennent de ce grave sujet, les possibilités du Néouvielle ; le lieutenant expose ses vues sur le versant oriental, et sollicite un avis ; le vice-président du Corps législatif, membre de l'Institut, rappelle l'échec de Reboul, ses propres herborisations sur les « crêtes accessibles » : il estime seule possible l'attaque par l'Est. Sur ces propos et l'approbation du maître on se sépare.) Ramond indique au jeune naturaliste un des plus considérables ravins de la Piquette comme ayant de belles plantes ; Chausenque y grimpe d'enthousiasme, mais quand il s'agit de redescendre, se trouve en péril et manque de se casser le cou....

III.

LA VALLÉE D'ASPE.

Capitaine en 1806, Chausenque démissionne pour raisons de santé. Il ne peut, dit-il, supporter les exercices bien violents. Moyennant quoi, cet homme soi-disant sans forces (quelques guides actuels de Cauterets, qui l'ont connu, le comparent comme aspect physique à M. Thiers) va vivre quatre-vingt-sept ans ; mais il semble qu'il ait, au fond, des penchants plus bucoliques que militaires. Toutefois, en raison de la pénurie d'officiers, il est maintenu quelque temps au service. En 1807, à la cérémonie de la dédicace du pont de la Hiéladère, près Luz, à la reine Hortense, le capitaine Chausenque, ami des ingénieurs Siret et Lefranc, constructeurs du pont, est dans l'assistance : « *Comme elle*

*fut aimable, cette réunion champêtre, où, pour solenniser
les premiers travaux, d'une hutte de verdure formée de
la dépouille des sapins, nous escortâmes en pompe la
jeune héroïne de la fête, qui de ses mains délicates en
scella la pierre angulaire. Les monuments des rois sont
fondés avec plus d'éclat, mais avec bien moins de plaisir
que n'en vit cette charmante journée. »*

Sorti définitivement de l'armée en 1808, Chausenque
continue ses séjours dans les Pyrénées. Il y rencontre
Saint-Amans.

Avec une réunion d'amis des montagnes, des Russes,
des Anglais, et d'aimables Françaises, il va voir le pèlerinage de Héas, qu'il trouve plus décent d'allure que celui
de Bétharram, mais il regrette de partir sans connaître
« les scènes de nuit si grotesques que la plume facile de
Saint-Amans a retracées avec tant d'originalité, et que
faisait prévoir le campement des pélerins ».

Avec les mêmes amis et amies, il fait l'excursion Barèges-
Arreau-Luchon et Luchon-Bigorre.

Avec l'ingénieur Siret et M. Fleuriau de Bellevue
(lequel, par parenthèse, fait une mauvaise glissade et est
rattrapé à temps par Laurens, l'ancien guide de Ramond)
il monte à la brèche de Roland, va reconnaître par le Sud
la fausse brèche, jette un regard assez peu intéressé sur
la « crevasse » d'Ordessa, essaie de revenir à la brèche par
le Nord, par le glacier du Taillon, mais au premier pas le
juge dangereux et impraticable.

En 1810, — à vingt-huit ans, — il séjourne aux Eaux-
Bonnes. Il s'y trouve avec « ces jeunes femmes, ces
hommes à la fleur de l'âge, minés par la maladie qu'ils
recèlent dans leur sein, et attirés par des espérances
rarement réalisées ». Jamais Bonnes, dit-il, ne deviendra
« un lieu de plaisir comme Saint-Sauveur, où les vaporeuses

de bonne compagnie viennent chercher un remède à des
maux qu'elles ne veulent pas toujours guérir » (??). Mais à
part « ce spectacle de l'humanité souffrante », comme
Chausenque se porte parfaitement bien et ne cesse de se
promener en montagne, il est très agréablement impressionné
par les Eaux-Bonnes. Dès l'arrivée, la vue de la station le
saisit, au débouché d'une gorge de bois fermée par la cime
hardie du pic de Ger : subite apparition (c'est une « vue
subite ») qui a « quelque chose de la magie du diorama ; une
retraite que des monts et des forêts serrent de si près, des
maisons élégantes, des promeneurs en opposition avec la
sauvagerie du lieu, et un mont chauve qui porte haut sa tête
menaçante, au moment où le soleil n'éclairait plus que des
sommités pelées, tout était romantique dans ce site singulier.»
Telle fut sa première impression sur Bonnes, son premier
contact avec l'inaccessible Ger, que, depuis...! Mais alors il
n'avait pas seulement la pensée qu'on pût essayer.

Aux Eaux-Bonnes, Chausenque est pastoral et sylvestre,
nulle part, il n'a fait de tableau plus virgilien, amenant
harmonieusement les hêtres séculaires, la cascade du
Valentin, « scène sauvage, où du fond du précipice on
n'entend qu'un tonnerre continu, on ne voit que des rochers,
de sombres bois et l'éblouissante gerbe qui tombe du ciel » ;
le charmant vallon d'Iscos, jusqu'à la plaine de Gourette,
où au mois de juin des troupeaux innombrables reviennent
répandre sur les pelouses huit mois désertées la vie et
l'activité ; un mamelon de l'Arcasque d'où se voient au loin,
«jusqu'au pied des crêtes du Gabizos, qui pour le pasteur
d'Ossau est la montagne de Gourette », ces fonds où
fourmillent tous les animaux de la vallée: leurs cris
confondus avec ceux des pasteurs, avec les tintements des
clochettes et les fortes voix des chiens, montent en
bourdonnement confus, en harmonie avec tout ce qui frappe
les yeux dans cette scène alpestre ; les pâturages de

Soussouéou et du lac de l'Ours; le sommeil à l'ombre des
sapins, au murmure du torrent qui creuse dans le granit des
conques arrondies; la gorge sauvage, puis l'aimable
solitude de Balourd, « enceinte ovale, petite plaine de
verdure entourée de pentes douces, où les arbres sont
épars, se relevant d'un côté jusqu'à la crête que couronnent
les premiers bois d'Assouste, et de l'autre jusqu'aux flancs
unis du Pambassive : le vert foncé de la pelouse, la longue
ceinture des bois, les cabanes, les troupeaux dispersés,
l'imposante muraille où se projettent les têtes des sapins,
tout donne à ce site romantique un air de grandeur ensemble
et de suavité.... » Puis, au plateau qui précède la pyramide
du Gourzy et qui va s'abaissant vers les Eaux-Chaudes, la
vue des pics aigus voisins du port d'Azun, des cimes qui
séparent Ossau d'Aspe ; l'une d'aspect le plus fier : « à
l'isolement de sa tête conique et fourchue, je reconnus le
pic du Midi de Pau, cette belle montagne où le granit expire
et qui ne voit plus de rivale jusqu'à l'Océan.... ».

Pendant ce séjour aux Eaux-Bonnes, en 1810, il fait avec
son ami Lefranc, chargé des travaux de la route de Pau à
Saragosse par la vallée d'Aspe, une rapide tournée, facile,
qu'il racontera agréablement : les Eaux-Chaudes, Gabas,
Bious-Artigues et vue du pic d'Ossau, col d'Ance, coucher
dans le haut de la vallée d'Aspe à la baraque de l'ingénieur.
Visite au Somport, à l'amorce des travaux de la route
décrétée en 1808 (et qui ne devait être terminée qu'en 1863) ;
rencontre d'une colonne de soldats français blessés et
de prisonniers espagnols faits par l'armée de Suchet. Retour
à la baraque. Tableau pittoresque : passage nocturne d'un
de ces fameux convois de contrebande armée venant
d'Espagne. « Vers le haut de la vallée un large cordon de
feux, souvent cachés dans les bois ou par les plis du terrain,
descendait en serpentant. Bientôt toute la caravane se

déploya sur la route et vint défiler.... En tête, marchait un groupe d'hommes armés de carabines, et à leur suite les conducteurs des mulets, portant des torches, et en menant chacun six ou sept à la file. Un autre peloton faisait l'arrière-garde. Nous comptâmes plus de trente torches, environ deux cents mulets, et une cinquantaine d'hommes d'escorte. Une contrebande ainsi armée se faisait respecter...» Ces convois se rendaient à Oloron, et le pays pyrénéen était inondé de denrées coloniales, si rares et si chères dans l'intérieur. Mais, cette fois, il y eut de l'inattendu : peu après, Chausenque trouva Oloron occupé par le général Quesnel avec dix-huit cents hommes et du canon ; le gouvernement impérial avait décidé d'en finir avec « ce foyer de révolte ».

L'excursion continua par une visite au lac d'Astains. Chausenque désirait monter au pic de Bernère ; ses guides, craignant d'essuyer les coups de fusils d'insurgés espagnols, s'arrangent pour l'en empêcher. Troisième nuit à la baraque de l'ingénieur, et le lendemain descente de la basse vallée d'Aspe ; Urdos, vue du val de Lescun, qui monte au pic d'Anie, « géant qui surveille la contrée » ; Accous, Bédous, Escot ; déjeuner à table d'hôte à côté « d'un personnage caractéristique », le curé du village basque de la Soule, un colosse de six pieds, jovial, n'ayant pour paroissiens que des chasseurs et des contrebandiers, hercule en soutane, lui-même faisant le coup de fusil sur l'ours, donnant l'absolution aux contrebandiers, et approvisionné par eux des précieuses denrées coloniales, sucre et café. — Enfin rentrée aux Eaux-Bonnes par le col de Marie-Blanque et la région des belles forêts de Benou.

En 1811, Chausenque réalise un désir longtemps caressé : un voyage dans les Alpes.

Ici nous le perdons de vue pendant des années.

CHAUSENQUE

(SUITE).

IV.

LE MONNÉ. — LA SECONDE PÈNE DU VIGNEMALE.

Nous le retrouvons, à l'âge de quarante ans, en 1822, « se dégageant des mille et une chaines qui tiennent l'homme asservi, revoyant les Pyrénées après une longue absence » et conduisant à Cauterets — désormais son séjour d'élection — sa femme et sa toute jeune fille, « avides de connaître ces montagnes si souvent sujet de ses récits ». Avec elles il refait toutes les excursions : grange de la reine Hortense, pic de Viscos, vallée de Lutour, lac de Gaube, lac d'Illéou. Pour lui, toujours, il cherche les « routes secrètes », les retraites tranquilles, le silence et le demi-jour qui inspirent la réflexion : sous le bois d'Hourmigas au ressaut de Lutour, à la glacière de Péguère, (à mi-chemin de la Raillère), sur les flancs même de Péguère, « effrayants surplombs, abîme où la terre se dérobe, antre perfide du vertige »; dans le val de Jéret éclairé par la lune et digne de Vanderneer; au pont d'Espagne : « Que de fois, assis sur une de ces roches qui obstruent le torrent, en face de ces beaux lieux toujours enveloppés d'une obscurité mystérieuse, j'ai contemplé leurs riches décorations : ces eaux limpides qui s'échappent sans bruit du bassin où dans leur tranquillité elles ont repris leurs belles teintes vertes ; ces tapis épais de mousse qui recouvrent les blocs amoncelés sur leurs bords; ce pont hardi protégé par d'élégants bouquets d'arbres, sur deux sombres culées où des fleurs toujours brillantes d'humidité sont toujours agitées ; plus loin, les derniers rejaillissements des cascades étincelant sous le soleil, et enfin le cadre majestueux des plus hauts sapins de la forêt, dont les têtes rapprochées laissent à peine entrevoir le ciel et le sommet boisé de Pouïtrémous....».

Il devient un fervent du Cabaliros, et par dessus tout, pour toujours, un fanatique et un panégyriste du Monné, dont il détaille avec passion la vue sur Cauterets, sur l'Abat de Bun, sur les pics dominateurs : Néouvielle, Ardiden, Marboré, Aratille, Pène d'Aragon, *Costérillou, Som-de-Séoube,* et l'objet le plus grand du tableau, la montagne hardie à la quadruple tête, sourcilleux promontoire visible de cinquante lieues, dominant tout de sa cime orgueilleuse, n'offrant à la vue que le gris terne de ses prodigieuses murailles, les plus hauts escarpements peut-être des Pyrénées, et dont les pointes, souvent, vers midi, s'environnent de mobiles flocons et de fumées roulantes comme les émanations d'une immense chaudière.....

Le Vignemale !

Une ambition lui vient : conquérir la plus haute des Pyrénées françaises. Il dirige sur elle ce qu'il appelle « une reconnaissance », avec l'idée d'éviter le glacier d'Ossoue et de passer successivement de l'une à l'autre des quatre dents, ou pènes, que présente le Vignemale vu du Nord : la première et la plus basse étant le petit Vignemale, la quatrième et la plus haute étant la Pique-Longue, Som de la Coste, ou grand Vignemale.

Il part avec un guide dans une nuit de 30 juin, une nuit splendide sans lune, franchit le poste « du cordon prétendu sanitaire » où tous les soldats, factionnaires compris, dorment; s'égare plusieurs fois dans le « scabreux » sentier à l'approche du Cerisey, voit après Boussiès les sommets blanchir et Peyrelance être superbe avec sa pyramide éclairée et sa base perdue dans l'obscurité des bois, subit l'influence de ce moment inspirateur d'enthousiasme et de poésie, respire l'air frais imprégné des émanations balsamiques des sapins, passe au lac de Gaube alors que les troupeaux dorment épars à l'entour et que la barque du vieux pêcheur est immobile au rivage, trouve après les pierrailles du bord du lac un doux tapis que le gave adouci traverse comme un ruisseau, circule longtemps dans le fond aride et hérissé où la cascade de Plumous se détache tristement sur le gris des rochers, arrive aux cabanes — aux *couïlas* — campement solitaire et froid dans un petit bassin verdoyant *où l'eau et la terre sont un moment en repos*, est émerveillé de l'aspect superbe pris par le Vignemale au lever du soleil : il était « *d'une beauté, d'une grandeur idéales* »; déjeune à côté des bergers qui mangent leur pâte et leur massif pain d'orge, — mince repas qui leur suffit jusqu'au soir ; — se représente avec éloquence les biens et les maux, la simplicité et les privations de la vie des pâtres ; ne manque pas de s'écrier : « *Quelle sobriété ! quelle vie plus que frugale ! Gastronomes de nos jours, qui dans vos salons de Lucullus rassemblez les produits des deux mondes, que penseriez-vous ici de vos besoins factices ?* » et de reporter sa pensée « aux âges obscurs où la civilisation commençait, aux mœurs des premiers humains lorsque la nature bienfaisante leur eut fait connaître les précieux animaux qui les nourrirent de leur lait avant de les couvrir de leur toison »; reprend sa course, atteint le dernier ressaut — entre le pic de Chabarrou et la pyramide de l'Araillé, puissants contreforts du mont dominateur, — traverse, sur l'herbe encore gelée, le fond marécageux des Oulettes où coule lentement le gave dans son enfance, prend par le glacier Nord, le trouve très difficile, gonflé, crevassé, très incliné : « en me tenant debout je touchais de la main le sol glacé », atteint le col d'Ossoue, tourne immédiatement à droite, monte au petit Vignemale, découvre à la fois les deux glaciers, est frappé de l'étendue de celui d'Ossoue, continue, descend « sur les anfractuosités d'une crête aiguë, ayant toujours sous les yeux de part et d'autre la profondeur des glaciers », remonte par une très longue arête, « dans une situation toujours critique, sur des échelons ébrêchés dont les fragments restaient aux mains », et après une heure d'anxiété, a le plaisir de voir sous ses pieds la cime tronquée de la seconde pêne (3.200 mètres). Le premier coup d'œil lui apprit qu'il ne passerait pas à la troisième, qu'il semblait toucher de la main : il recula à l'aspect du précipice qui l'en séparait. La Pique-Longue ne le dominait plus que d'une centaine de mètres.

C'était un exploit. Chausenque dépassait pour la première fois aux Pyrénées la cote de 3.000 mètres, qu'il ne devait y franchir que deux autres fois dans sa vie. (Mais, alors, ce chiffre de 3.000 n'avait pas la signification sacro-sainte, *sine qua non*, presque abusive, qu'il a prise depuis. D'ailleurs Chausenque compte alors en toises). Il détaille le magnifique spectacle. Du côté Ouest, il est surtout frappé par l'élévation et le beau glacier du « Costérillou » (ou « pic de Badescure » : le Balaïtous, que Chausenque ne connaissait pas sous son nom). A l'opposé, il voit le massif calcaire, la cascade de Gavarnie jusqu'à sa source, et du premier coup d'œil reconnaît que le fameux lac glacé du Marboré est un mythe. Dans l'ensemble, l'immense panorama sans premier plan (toujours discuté, depuis) ne lui plaît pas absolument. Chausenque a ce qu'il appelle *l'impression des grandes hauteurs* : « Du haut du Vignemale comme de toutes les cimes semblablement placées, les yeux peuvent errer de toutes parts sans être satisfaits. Les bois les plus rapprochés, ceux de Gaube, ne sont que des taches obscures, les lacs, des flaques ternies, et les pâturages, des teintes sans fraîcheur et fanées; la foule de détails gracieux qui charment l'œil dans les basses vallées ont disparu dans l'éloignement, absorbés par des masses qui, rapetissées elles-mêmes dans l'immensité de l'ensemble, méritent à peine un regard, et les plaines éloignées ne sont qu'un plan vaporeux sans nul objet distinct... »

Le retour eut lieu par la hourquette d'Araillé, alors pleine de neige et où il fallut chausser les crampons, et le lac d'Estom. Là, prenant une heure de repos, retrouvant bientôt toutes ses forces dans l'air frais parfumé par les sapins, et se rafraichissant de lait en admirant la sérénité du ciel sur lequel se dessinaient purement les cimes, Chausenque se fait indiquer par les bergers les noms des pics environnants : La Basse, les Agudes, Santché, Peyraute, Culaous, etc. A cinq heures et demie du soir, ayant trois heures de marche encore à faire, il est heureux de fouler « le doux gazon de Lutour où l'on avance sans effort », observant tout avec intérêt, se rappelant le jour où en herborisant il découvrit un joli petit lac (d'Estibaoude), et frappé de l'âpreté, de l'inaccessibilité du chaînon de l'Est, « terrasses et mornes empilées jusqu'aux cimes de l'aspect le plus fier, et dont les bases sont couvertes de sapins et de pins rouges divisés par des espaces herbeux » (bref, de l'Ardiden, qui le tente depuis vingt ans !). Enfin, ranimé par l'air frais du soir et par l'aménité des lieux », il rentre sans fatigue à Cauterets dans le temps calculé, après dix-neuf heures et demie de marche, et avec la matière d'une suite à Ramond, d'une des pages les plus soutenues de la littérature pyrénéiste.

V.

LES PYRÉNÉES ORIENTALES. — LE CAP BÉAR.
LE CANIGOU.

L'année suivante, en juin 1823 (l'année de la guerre
d'Espagne), avec un de ses anciens condisciples de Sorèze,
Arbanère, grande reconnaissance de la partie orientale des
Pyrénées, « dans l'équipage le plus portatif, en vrais amans
de la nature, résignés à la vie dure du naturaliste qui, dans
des gîtes souvent misérables, est exposé à toutes les privations. » (Il n'y aura donc pas besoin, pour des gîtes
misérables et toutes les privations, de découvrir les
Pyrénées aragonaises ?)

Voyage facile et gai, dans une région originale, colorée,
superbe, peu décrite, toujours délaissée pour les Pyrénées
occidentales. Voyage, certes, montagnard au minimum, et
peu vertigineux : plutôt promenade sur les routes ; et
cependant l'un des plus considérables, à tout prendre, de
l'histoire pyrénéiste au XIXᵉ siècle, puisqu'il va esquisser
littérairement, par deux relations parallèles, cinquante lieues
de chaîne française !

Des deux « tournées » que comporte l'aperçu rapide du
versant français des Pyrénées, celle de l'Ouest, (Biarritz, Pau,
Luchon, la « grande tournée des bains ») avait accaparé tous
les écrivains. Sur la tournée de l'Est, (Perpignan à Puycerda
et Foix ou Toulouse, par la vallée de la Têt, le col de la
Perche, la vallée de la Sègre, le col de Puymorens, et la
vallée de l'Ariège, plus un raccord de vingt lieues par
itinéraires variables pour aller de la vallée de l'Ariège
rejoindre Luchon) rien. Parrot, cependant, qui a vu
beaucoup en peu de temps, avait indiqué en 1817 son trajet
Luchon, Saint-Béat, col de Menté, Saint-Lary, Castillon,

port de la Core, Oust, Massat, col de Port, Saurat, Tarascon, Ussat, Ax et la suite jusqu'à Perpignan : mais Parrot décrit si peu ! il cote des hauteurs. (Les travaux scientifiques sur les Pyrénées orientales n'ont jamais manqué, et il semble que les grandes cimes de l'Est n'aient jamais été vierges !)

Chausenque, donc, nous donnera le premier la vision juste de cet itinéraire :

Pamiers, Foix et son château, Tarascon ayant au Sud la gorge « repoussante » de Vicdessos, grottes de Bédeillac, bains d'Ussat, château de Lordat ; petite ville d'Ax, serrée entre trois torrents, et alors remplie de réfugiés espagnols fuyant les constitutionnels, de prêtres de tous ordres bizarrement vêtus « avec des chapeaux de gendarmes sur des robes de chartreux » ; montée au-dessus de la ville et première vue « sur le groupe remarquable par sa hauteur, auprès du Mont-Louis, où les sources de la Tèt, de l'Aude et de la Sègre sont entrelacées avec celles de l'Ariège, désert inextricable connu des seuls contrebandiers, et sur la haute chaîne où tout grandit et redouble d'âpreté » (régions du Carlitte, du Pédrous, des ports d'Andorre). « Toute cette partie de la crête générale est peu connue et j'étais surpris de son élévation comme de sa physionomie alpestre. » (Caractéristique, cet étonnement de trouver des montagnes à l'Est des Monts-Maudits ! mais l'absence de glaciers tue les Pyrénées orientales : là, avoir les fameux « trois mille » ne sert de rien) ;

Ascension du Saint-Barthélemy, d'où se découvre un tiers des Pyrénées : le Mont-Vallier et le Montcalm, les pics de Signer, de la Ferrère, de Jonglan, de Porteil, le Canigou : surprise de découvrir tous ces monts nouveaux ; orage (celui qu'Arbanère brave « sur son trône aérien ») ;

Col de Paillers, « d'où se découvre subitement un horizon qui n'a de bornes que par la faiblesse des organes »,

(sur le pays de Bélesta et de Quillan, et le haut Languedoc
jusqu'à la Montagne-Noire : le col de Paillers est une
vraie découverte de Chausenque);

Mijanès : ici, morceau du contrebandier sympathique,
renouvelé de Ramond ; puis approche du soir, rêverie au
milieu d'un pays inconnu, dans l'air calme et le repos ;
teinte triste des montagnes voilées, mélancolie, souvenir
des heures passées à la fin de l'automne dans Barèges
déserté des baigneurs ; angelus ; finalement, nulle chère, et
un mauvais grabat ;

Quérigut, passage du large et profond ravin de l'Aude, au
Pont-du-Marchand ; — bois du Carcanet, hêtres séculaires ;
longue marche dans la vaste solitude du *Pla de Madres*,
autre vue magnifique; enfin le *Pla de la Galline* où la
décoration tout-à-coup est changée : c'est le Roussillon, sa
plaine et le Canigou dans sa majesté, le Canigou partagé
en trois cimes dont la hauteur et l'âpreté vont dire les
grandeurs des Pyrénées aux marins qui sillonnent les
paisibles flots de la mer visible au bout de l'horizon ; — fond de
Laparut, col de Djaoux (de Jou), Mosset, et au pied du
Canigou « qui écrase tout » et n'est peut-être pas d'un accès
aussi facile que le faisait supposer son peu d'élévation
absolue, Prades (excellent gîte);

Enfin, voyage en diligence, et arrivée à Perpignan sous
les sombres tours gothiques de la porte du Castillet, qui
n'intéresse que médiocrement Chausenque : « si ma plume
se plaît à peindre les montagnes, elle passe avec rapidité
sur ce qui n'est point l'œuvre de la nature ». Ici, défilé des
soldats de Mina faits prisonniers sous Puycerda : « hommes
la plupart d'une faible structure, noirs et demi-nus ; mais
sous des sourcils d'ébène étaient des yeux brillants et presque
tous avaient des figures à caractère. Malgré leur état de
misère, leur démarche leste, leurs jambes sèches et ner-
veuses et leurs souples chaussures faisaient concevoir

comment de tels hommes, sobres, patients à la fatigue et chargés de butin, des miquelets en un mot, pouvaient dans leurs montagnes donner tant de mal à nos soldats.... ».

Idée simple, mais idée bien rare dans le pyrénéisme : avant de rentrer dans la chaîne, Chausenque, qui de la Rhune a vu l'Océan, veut voir les derniers rochers des Pyrénées baignés par la Méditerranée. Il ne veut pas négliger le dernier rameau, les Albères, bien qu'ils ne dépassent guère huit cents mètres. Il va donc avec son compagnon à Collioure et Port-Vendres, par les routes bordées d'aloès, et saisit remarquablement l'aspect de la côte. A Port-Vendres, pendant qu'Arbanère ne résiste pas à la tentation du bain, Chausenque, à la chute du jour, monte sur la falaise du fort du Fanal, voit le fond du golfe où se réfléchissent dans la mer bleue et calme « les premières cimes, celles que frappe le soleil le matin », jusqu'à la côte de Leucate « moins célèbre que le promontoire qui vit le désespoir de l'illustre fille de Lesbos » : il éprouve l'émotion poétique que la Méditerranée exerce sur tout esprit cultivé. « Je laissais errer mes regards sur cette mer qui rappelle de si grands souvenirs, lorsqu'une barque chargée de rameurs sortit du chenal et glissa sur sa surface. C'étaient des jeunes gens qui, suivant la coutume de cette côte, allaient pêcher pendant la nuit de la Saint-Jean pour offrir au point du jour, à leurs maîtresses, un poisson auquel sont attribuées des vertus particulières. En effet, de tous les points du Roussillon partaient en même temps de pareilles embarcations qui, favorisées par une légère brise, s'avançaient droit au large. Toutes ces petites voiles, blanchissant sur le bleu des eaux, ressemblaient à des goëlands éparpillés, et la nuit qui s'annonçait belle leur était un bon présage ». Et après s'être livré « aux réflexions que de tels lieux inspirent », il admire le spectacle de la mer dans sa tranquillité, et la pureté de ces eaux qui ne voilent même pas les tapis sous-marins, ces algues aux reflets variés... « Sur ma tête se meut lentement un voile élevé de nuages ; le soleil du solstice descend derrière les Pyrénées et déjà sa lumière réfléchie s'affaiblit sur la plaine azurée et sur les mornes qu'elle baigne, tandis qu'il réserve ses dernières faveurs pour l'horizon du Languedoc qui brûle encore de ses feux. Tout est calme sur le vaste miroir !... »

Le lendemain tout avait disparu sous une brume épaisse ! Adieu, dès lors, le magnifique spectacle que Chausenque se promettait au réveil, du haut du cap Béar ! Enfin, le temps s'éclaircissant, montée au sémaphore. « La nature attristée était majestueuse encore sous son voile nébuleux : la plaine du Roussillon sortant de la mer s'élevait par degrés entre les Albères et les collines éloignées qui voient mûrir les vins fameux de Rivesaltes, jusqu'au Canigou qu'enveloppaient les nues..; le revers du cap coupé à pic n'était que précipices, la couleur foncée de l'eau trahissait sa profondeur..; tout en bas sur la rive, comme caché, le village de Bagnouls, le dernier de France ; il semble que les montagnes se soient entr'ouvertes pour offrir cet asile à des misanthropes pressés de rompre tout commerce avec le monde..; le cap Cerbère..; Liança, première ville espagnole, et le cap Greous, autrefois *promontoire d'Aphrodite*, à cause du voisinage de *Portus-Veneris*. Ainsi nous avions sous les yeux les derniers rochers de la chaîne, conservant toujours quelque grandeur et un aspect sauvage jusqu'au pic extrême qui lit sur les deux versants. Après lui tout se précipite vers le rivage, et les Pyrénées vont se cacher pour toujours sous les eaux. »

Et maintenant il s'agit d'attaquer le Canigou, après avoir contourné ses bases. Le Canigou, montagne imposante, isolée, jetant de tous côtés des prolongements entre lesquels elle est abordable; le Canigou, peu pratiqué, encore environné de prestiges, et sujet de superstitions et de légendes populaires (nous sommes ici deux ans avant l'apparition des officiers géodésiens).

Route par la vallée du Tech, le Boulou, Fort-les-Bains (depuis, Amélie-les-Bains) et Arles-sur-Tech (jour de la Saint-Eloi, patron des mineurs, fêté « avec vivacité et amour du plaisir » par toute la population catalane des forges : danses en plein air, pittoresques et voluptueuses : « ces figures toujours mobiles où les bonnets rouges des hommes sont toujours flottants; cette musique montagnarde, si singulière, qui a quelque chose de romanesque; ces balcons espagnols; les physionomies brunes, expressives des acteurs, l'œil vif et agaçant de ces jeunes filles à la taille svelte, aux formes dessinées avec grâce, toutes ces figures des spectateurs que le plaisir émeut.... etc. »). Le docteur Companio, de Perpignan, qui n'avait point monté le Canigou, avait recommandé les voyageurs à son confrère d'Arles. Celui-ci n'en savait pas davantage et les recommanda au maire de Corsavi, où ils arrivèrent pendant la « fête des mulets » lesdits mulets promenés en pompe, musique en tête, le poitrail couvert de franges de toutes couleurs, et ornés de leurs plus belles têtières. Le maire déconseilla l'ascension par Corsavi, et indiqua Valmania. Chausenque et Arbanère, le lendemain, partent, avec une caravane de muletiers escortant une jeune fille de Corsavi à la mine agaçante, au propos léger..... Ils voient la mine (de las Indis) et après avoir passé le col (sous le Puyg de l'Estelle) et aperçu devant eux au Nord le profond vallon de la Lentilla, descendent « dans un grand précipice » au misérable village de Valmania; là il fallut partager une mauvaise paillasse dans un grenier ouvert à tous les vents, et *où des milliers d'ennemis leur firent une guerre cruelle;* « la table fut correspondante à ce gîte ». *Les sybarites ne doivent pas voyager dans les montagnes*, dit Arbanère. (Futurs *hospices* et *posadas* espagnols, chargés des malédictions des pyrénéistes qui découvriront le versant Sud, d'avance vous êtes réhabilités!).

Ascension du Canigou, (bien décrite : Prats-Cabrère, Clot d'Estabeil, plateau de « Bélach », le gouffre) : Chausenque, à l'instar de Ramond au pic du Midi, *devance ses compagnons, s'élance dans ce désert aérien, et a le plaisir de voir sous ses pieds cette sommité célèbre.* Ce fut à peu près tout ce qu'il vit ; la mer et les vallées étaient couvertes ! (Chausenque trouve cette ascension plus rude qu'il ne s'y attendait, surtout la descente sur Fillols).

Villefranche, gorge de la Têt, Fontpédrouse, Mont-Louis, (température glaciale au mois de juin, le soir) col de la Perche, franchi avec deux compagnies du 60ᵉ entrant en campagne, vue magnifique de la Cerdagne. Descente à Llivia. Puycerda, alors plein de soldats français et « de ces hommes de mauvaise mine, bizarrement équipés, qui s'appelaient les *soldats de la foi* ». Chausenque, esprit libéral, a une extrême répugnance pour « ces favoris des moines, hébergés dans tous les couvents, et qui, au dire des Français, laissaient où ils avaient passé une odeur infecte ».

Mais ceci est de la politique ; Chausenque d'ailleurs y met peu d'âpreté. Avant lui le sujet venait d'être touché d'une plume autrement vive, par un polémiste qui, du coup, avait failli déflorer la tournée orientale des Pyrénées, et en hiver ! Seulement celui-ci ne faisait pas de pyrénéisme, il faisait ce qu'on appellerait aujourd'hui du « grand reportage» ; il avait voulu aller à Puycerda, en décembre 1822, rien que pour voir les fameux insurgés espagnols ! Certes, au départ de Perpignan, l'aspect du sommet neigeux du Canigou empourpré par le soleil levant lui avait arraché un paragraphe d'admiration. Mais dès la gorge de la Têt ses préoccupations

étaient autres et pas absolument désintéressées ; il avait un
mauvais temps, qu'il savourait, qu'il distillait, car il voulait
prouver que les Pyrénées, comme cantonnement de troupes
d'observation, n'étaient pas tenables. Aussi son récit de la
montée à Mont-Louis, à mulet, par vent debout, semble-t-elle
une entrée dans l'enfer du Dante ; conduit étroit et effrayant,
confusion des éléments, abîme dessus, abîme dessous ; tête
baissée contre le vent qui pénétrait dans les vêtements les
plus serrés. La route cependant n'était pas déserte, troupes,
convois, et réfugiés quittant l'Espagne : ceux-ci avaient vent
arrière, ils avançaient « avec une agilité extrême ». Cependant il avait eu un autre moment d'admiration en découvrant
la Cerdagne alors toute blanche de neige. Et un autre, à la
vue des insurgés espagnols, alors « les plus vieilles troupes
de l'Europe », avec des habitudes de vieux grenadiers ;
c'étaient les anciens adversaires de la Grande-Armée,
inquiétants pour une nouvelle armée de jeunes soldats......
A la Tour de Carol, le voyageur avait dû tâter du mauvais
gîte pyrénéen, compliqué d'abattoir pour les troupes ; pour
traverser la cour, il lui avait fallu, écœuré, mettre des sabots
par dessus ses bottes. La société était étrange : douaniers,
muletiers, soldats, contrebandiers, prêtres et réfugiés
espagnols, miquelets mêlés. Il avait préféré coucher par
terre que dans un lit plus que douteux. Il s'était rattrapé en
déblatérant, avec un vieux sergent et un gendarme, contre
le système prohibitif et une guerre avec des gens qui jouent
du couteau.... Le lendemain il avait passé à cheval le port
de Puymorens, « un des plus dangereux des Pyrénées », avec
des rafales qui chassaient la neige et la faisaient entrer
jusque dans sa cravate. Il ne se faisait pas l'idée d'un vent
aussi puissant, et si l'on peut dire, aussi « compact » ! La
fin du monde ! — Le mot est de lui : *désolation impossible
à rendre, bruits effrayants, tout faisait croire qu'on allait
assister à la ruine du monde !* Il avait pensé s'arrêter à

Porté : le seul aspect du gîte l'avait fait détaler. Enfin, au port, la vue lointaine d'un rayon de soleil avait tout fait oublier ; et plus encore, l'arrivée à Ax, « où la France reparaît tout-à-coup avec une espèce d'élégance ». De là, — *trouvant monotones les beautés ardues des Pyrénées,* — il s'était sauvé à Toulouse et n'avait retrouvé le calme et l'impartialité que plus loin encore, pour une page idyllique sur la vallée d'Argelès.

Cet écrivain clair, ardent, partial, ce Ramond malgré lui qui ne veut pas voir les Pyrénées où il inaugure — par politique — les courses d'hiver, c'est M. Thiers !

Pour Chausenque et Arbanère, vu l'état de guerre, la prudence leur indiquait de ne pas insister sur le pays frontière et l'Andorre qu'ils ne connurent que par ouï-dire : simplifiant, ils revinrent par la Tour de Carol (eux aussi y eurent maigre gîte : du pain, des noisettes, et plus rien ; pour couche, le plancher), Porta, Porté. Ici leur guide, familier avec les régions « abandonnées » du Pédrous et du Carlitte, parla du lac de Font-Vive et du lac Lanoux : « *dans sa rudesse, sensible aux beautés de la montagne, il fit une pompeuse description de celui de Font-Vive, qui paraît être dans un site pittoresque et sauvage ;* » (très bien, le guide !) « *cela renouvela mes regrets de passer près de ce groupe inconnu sans le visiter ;* » (moins bien, Chausenque !).

Le voyage devait primitivement continuer par le port de Salau et le pays d'Aran ; abrégé pour cause de temps couvert, il finit par les mines de Vicdessos, le col de Massat, l'étang de Lers, le col d'Eret, Ercé « pays de forêts où on manque de bois » (Arbanère furieux, se réchauffe en mettant au feu tous les balais de l'auberge), Seix, Saint-Girons, Luchon.

CHAUSENQUE

(SUITE)

VI.

LE PIC DE GER.

En quelle année Chausenque, revenu aux Eaux-Bonnes, résolut-il de faire perdre au pic de Ger sa réputation d'inaccessibilité ? Peu méthodique, il nous indique bien les mois de ses excursions, mais non les ans. « *Le sabre entouré d'auréoles de Napoléon avait fait place au sceptre des Bourbons* » ; ceci est sa manière de dire : sous la Restauration. Le docteur Darralde cherche à le dissuader en lui parlant des dangers courus par Dufour, donc nous sommes après 1819. Il se souvient des contes « qui lui ont été débités au pied du Canigou» : ceci nous met après 1823 (en juin 1824 ou 1825 ?). Mieux vaudrait une bonne date nette !

Bref, il avait remarqué un point d'attaque présentant une chance de succès, à l'Ouest, par la crête qui relie le pic à l'ambassive. Parti à trois heures du matin avec un jeune chasseur d'isards, il prit par la Coume d'Aas. Il ne connaissait point le chemin, puisqu'il le créait, et l'abondance des neiges était extraordinaire. L'ascension fut dure. Arrivé en « face de ces gigantesques murs semblables à une forteresse de Titans, là où le soleil de la veille fortement réverbéré avait ramolli la neige », on enfonçait. Il prit à gauche du roc du Capéran : le soleil montait et ramollissait de plus en plus la neige ; impossible d'avancer. Chausenque pensa renoncer. Avisant « une arête schisteuse qui aboutissait à des aspérités prolongées jusqu'à la crête », il risqua l'escalade, passant le premier, guidant son guide, l'encourageant, obligé même de le débarrasser de son havresac et de son fusil. Libre et pieds nus, ce montagnard put passer. Dès lors, plus d'obstacles, certitude du succès ; on déjeuna gaiement, jouissant de la vue déjà étendue et de la certitude, désormais acquise, du succès, puis sans difficultés on atteignit le plus haut de la coupole. Chausenque resta deux heures en contemplation devant le panorama « dont il était le centre », et le tableau qu'il en a fait est resté longtemps célèbre : « Au Midi, les perspectives du pôle, au Nord la verdure et la vie. Je plongeais de l'œil sur les fonds de Sourince et de Gourette, sur les pâturages de Herrère.... La ville de Tarbes était visible, mieux encore celle de Pau... Sur la chaîne centrale revêtue encore à la fin de juin de son manteau d'hiver, ce n'était que neiges et rochers.... Seulement autour du pic du Midi, les forêts de Broussette et Gabas étaient comme des taches noires qui ne sortaient pas de l'effet général ; il semblait que la nature s'était trompée de solstice.... Le pic de Gabizos, de niveau avec le Ger, m'opposait ses pics aigus et ne me cachait qu'en partie le Monné et les montagnes de Cauterets, toutes commandées par le Vignemale. Au midi, la barrière encore formidable de la haute chaîne : Costérillou dont le glacier avait disparu sous les neiges, Arrieugrand, Som-de-Séoube » (c'est-à-dire le Balaïtous, le Pallas et l'Arriel), « les monts d'Arrious qui ne leur cèdent guère, ceux d'Anéou, le pic d'Ossau, et tous les ports qui traversent cette région ».

Pour descendre il se laissa glisser au midi sur l'éblouissant manteau; se retrouva au col où son guide se mit à poursuivre les isards, très nombreux. Après sept heures passées sur la neige, il descendit aux Eaux-Bonnes « par le vallon qui verse à Balourd » (Anouillasse), reconnaissant que par cette dernière voie, et à moins de circonstances exceptionnelles, l'ascension du Ger ne serait désormais qu'une facile promenade.

Vers 1825 (?) séjour à Saint-Sauveur, avec le projet d'explorer le massif de l'Ardiden. « Des chaleurs excessives, 30 degrés, s'opposèrent à des courses aussi pénibles. » Il se contente donc de monter le Bergons (qui n'est pourtant pas un endroit frais !). Mais il part la nuit, passe le pont Gontaud, éclairé par la lune : « sa pâle lumière, qui ne pouvait dissiper toutes les ténèbres de ce site profond, et les roulements du Gave au milieu de la nuit, le rendaient plus mystérieux, plus romantique encore» ; il s'égare un moment dans les champs de Cabanious (ô Dusaulx !), et sur la route de Gavarnie joint des troupeaux voyageurs, qui après avoir déposé leur toison regagnaient au bruit de cent clochettes les succulents pâturages de Troumouse et d'Estaubé. « Les lueurs de l'aube m'atteignirent enfin au taillis où sont les maigres sources du Riou-Maou.... Sur la plus haute arête, ce petit vent d'Est qui suit le soleil à son lever, devenu plus piquant, me fit trouver douce l'influence de ces rayons qui, plus tard, devaient embraser l'atmosphère. Au revers, l'Estibe de Luz, animée de ses nombreux faucheurs, et le vallon de Lise ; partout ravins et éboulements jusqu'aux crêtes du Brada et du Bugaret ; je foule rapidement un gazon tout émaillé, les montagnes méridionales m'apparaissent, et je me trouve en face d'un des plus intéressants tableaux des Pyrénées.... »
Du Bergons il juge absolument capitale la vue sur le

massif calcaire et en prend un relevé, d'un dessin naïf, qu'il donnera dans son livre (il y appelle le pic du Marboré *la troisième Sorella*, le Casque *le faux Taillon*, le Gabiétou *la montagne des Tourettes*).

Puis, par les pâturages de Bachevirou, il va très difficilement à une corniche de la fourche du Brada qu'il ne peut franchir pour redescendre sur Pragnères, et se voit obligé de revenir directement sur Luz.

VII.

LES SOURCES DE LA GARONNE — LE COUSERANS.

En 1826, après vingt ans de pyrénéisme, Chausenque en vient enfin à une région que depuis longtemps il désire ardemment étudier : les sources de la Garonne, comme avait dit Ramond ; en d'autres termes, les montagnes de Luchon.

Comme tous les hommes de son temps, il a la sensation nette (qui chez les pyrénéistes de nos jours s'est sensiblement oblitérée) que ces montagnes sont la partie la plus grandiose, décisive — on dirait aujourd'hui le *clou* — des Pyrénées. De plus, il va les voir dans des conditions remarquables : en juin, avant la fonte des neiges, et des neiges exceptionnelles de cette année 1826 (que nous connaissons déjà par les officiers géodésiens : la tournée de Chausenque correspond aux jours de beau temps que Peytier et Hossard eurent à la station de l'Escuretz). Il ne faut donc pas s'étonner s'il les aborde extrêmement ému, même un peu candide, préoccupé de mettre son style à la hauteur. A peine entré dans la vallée de Luchon, « impatient de gravir », il s'élève sur le morne qui voit Cierp à ses pieds, « pour

planer sur la réunion des deux Garonnes (la Garonne et la
Pique) au centre d'une riche et majestueuse arène ». Il voit
les pics de Gar et de Cagire, et la gorge « où la ville de
Saint-Béat *attend* que les rocs qui la menacent viennent *enfin*
l'écraser.» (!) Plus loin, assis sur un *roule* (tronc de sapin) de
moulin à scie, au pied de la croix de Burgalays, il s'oublie
« à contempler ces aspérités de notre globe qui en sont le
plus bel ornement ». Il découvre quelques portions des
glaciers de Maupas et de « Carbious », étincelants sous le
soleil, et ces visions trop tôt disparues redoublent l'impatience de voir de près « ces palais étranges où, depuis l'origine des monts, l'hiver a bravé les ardeurs de tant de
canicules ». Le voici à Luchon : « *On aimerait à croire
que ce riant oasis, cerné par d'imposantes barrières, sert
d'asile à des humains séduits par la paix qui semble devoir
y régner. Vaine illusion! Quel lieu est plus agité, dans
la saison des eaux ?* » Fatigué par d'officieux intéressés
(toujours les *pisteurs* !) il se loge dans une maison déjà
connue de lui, et l'émotion des souvenirs lui fait commettre
exceptionnellement, à lui si exact, une énorme erreur digne
de la duchesse d'Abrantès : « *De ma fenêtre ayant jeté
les yeux sur la vallée, je fus frappé de cette* VUE DES
MONTS-MAUDITS (sic) *empreinte encore dans ma mémoire.
C'était la même chambre qui me fut assignée lors
de ma première course à Luchon avec d'aimables
voyageuses : c'est à cette fenêtre, qu'après une soirée
charmante, je passai une partie de la nuit absorbé dans
de douces pensées, ou m'oubliant à contempler, à cette
heure de calme et de silence, leurs larges masses où la
lune jetait alors ses lueurs mystérieuses et que je m'étais
promis de revoir.* » (*Masses* et *lune* se rapportent ici, non
aux voyageuses, mais aux Monts-Maudits).

Il part en reconnaissance (Chausenque, militaire et topo-

graphe, parle toujours de « reconnaissances »). Muni comme
à l'ordinaire « d'une boîte de fer-blanc qui lui sert à deux
fins » (évidemment à herboriser et à emporter son déjeûner)
et d'un fort bâton ferré « sa défense contre les chiens » (*sic*),
accompagné d'un guide, il visite la cascade de Montauban,
alors la première course obligée. Monté sur la corniche d'où
elle s'échappe, il n'y reste que quelques secondes : « ma tête
n'était pas à l'épreuve de ce trou effrayant, d'où sortent sans
relâche de formidables voix » : (de la part d'un montagnard,
c'est à n'y pas croire ; d'autant plus que Chausenque, s'il
est encore de l'école des « monts sourcilleux », n'est déjà
plus de l'école du « précipice ». Mais ce filet d'eau de la
cascade de Montauban jouissait d'un prestige invraisem-
blable !) Transporté d'enthousiasme il continue, traversant
bois et pelouses, s'asseyant « sur les moëlleux coussins de
la sphaigne » pour contempler « cette scène romantique » ;
il a des aventures avec des chiens de berger contre lesquels
il croise le bâton ferré, enfin il arrive au col (sud de Poujastou). Ici, « tapi dans ce gîte aérien comme le génie des
tempêtes », il jouit d'un premier aperçu d'ensemble de la
chaîne. Il remarque comme poste d'observation plus favorable le mail de la Cigalère et le note pour être sa seconde
course.

A peine oserait-on, aujourd'hui, qualifier d'ascension la
montée à Cigalère (et à Bacanère) assez longue course, mais
sur des pentes faciles. La vue, sur le massif granitique,
n'en est pas moins incomparable : Chausenque la jugea telle, et
l'estima à la fois moins étrange et plus importante que celle
du Bergons sur le massif calcaire (il eut raison : combien
cette vue sur la Maladetta, « superbe dominatrice des
Pyrénées, sanctuaire aérien », et sur les montagnes du
Lys, surpasse les vues fameuses du Ger, du Cabaliros ou
du Monné ! aujourd'hui, cependant, elle est délaissée). Il
la dessina (!) et depuis la donna dans son livre. Notons qu'il

appelle *pic des Barrancs* celui des Salenques, *le Toro* la Pique de Pouméro, et *pic du Portillon* le pic du Passage ou Intermédiaire. Il nomme un grand pic nouveau : le pic des Hermittans (*Piquen d'Ermitas* de Dufour). Ce qui est singulier, c'est la confusion qu'il fait pour la Maladetta : sommairement renseigné il nomme le Néthou *pic Oriental, point culminant de la chaîne, 1877 toises,* et c'est son voisin le pic du Milieu qu'il appelle *pic de Malahitta ou de Néthou, 1787 toises.* Les glaciers de la chaîne frontière, plus rapprochés, et prolongés par les neiges considérables, lui parurent plus grands que ceux de la Maladetta. Ils étaient alors en pleine forme ; on redoutait même qu'en s'accroissant ils ne vinssent à englober la vallée du Lys : crainte vaine, aujourd'hui remplacée par la crainte de voir ces glaciers se réduire à rien et disparaître.

La vallée du Lys, est-il besoin de le dire, fut pour Chausenque un émerveillement. Mais — à ce moment même où les officiers géodésiens se demandaient avec inquiétude si l'abondance des neiges leur permettraient de faire cette année les hautes stations — il ne jugea pas opportun d'aborder les colosses du fond et leurs glaciers, de parcourir « le dédale dangereux de leurs saillies, de leurs dépressions et de leurs mille crevasses » ; il pensa qu'on les verrait très bien, et même mieux, d'en face, du Cériré (*sic*).

Le Céciré est des plus faciles en tournant le sommet par l'Ouest : longtemps on le fit ainsi à cheval. Chausenque mal guidé, arrivant par les granges de Gouron, le prit inutilement « à toute crête », comme disent les gens du pays, en suivant l'arête de plus en plus difficile, et alors neigeuse, qui y monte de Superbagnères. Arrivé au sommet d'où le panorama est superbe (mais non point démesurément supérieur à celui de Superbagnères : comme facilité et comme vue, Superbagnères est pour les Pyrénées un petit *Gornergrat*), il admira longuement les glaciers étendus devant lui, et

» leurs fiers pitons sillonnés par la foudre qu'ils soutirent
aux cieux ». Chausenque n'aperçut pas que le principal
de ces pitons, « l'inaccessible » Maupas, portait une tour
de triangulation (elle était engagée sous la neige).

Accompagné de Martre, garde-champêtre, botaniste, et
le meilleur guide de Luchon, Chausenque, par le Portillon,
Viella (ici, soupe à l'huile, hâchis malpropre et vin détestable), Salardu, va au fond de la vallée d'Aran faire cette
course alors célèbre et qui longtemps resta presque populaire : « l'Œil de Garonne » (là on s'amusait à faire sur la
Garonne naissante un pont avec une pièce de cinq francs),
le col de Béret et la source de la Noguera Paillaresa.
Chausenque, dans un enthousiasme littéraire, et « *non
moins heureux que Bruce, lorsqu'il crut découvrir les
sources sacrées du fleuve d'Egypte* », se désaltère dans
les deux sources, Garonne et Noguera, et remplissant sa
tasse du vin généreux de Binébro uni à leurs eaux confon-
dues à la manière antique, il en fait une double libation aux
nymphes protectrices et au vieux fleuve qu'il se représente
à la place du roc, couché sur les deux urnes qui s'épanchent !
(Arbanère, passé là en 1823, avait eu, lui, un enthousiasme
de père de famille, et dans un galimatias délirant, « laissant
couler de douces pensées de son esprit comme ces flots limpides de la source mystérieuse, et s'élançant à leur suite »,
il avait vu simplement à l'autre bout du fleuve, à Royan,
ses deux filles jouant sur la grève auprès de leur mère.)
Puis, tournant le dos à la haute chaîne du Montarto, au
« champ sans bornes de pics noirs et de neiges qu'une vive
lumière faisait étinceler sous une immense coupole d'azur,»
Chausenque descend par le Pla de Béret, couche à l'hospice
de Mongarre, chambre carrée à foyer central : « Dieu sait si
nos estomacs légèrement pourvus pendant une longue
journée eussent été disposés pour les joies de la table ; mais

hélas ! des *trufas*, c'est-à-dire des pommes de terre, du jambon plus que sec, du pain d'avoine et le détestable vin de la Conque composaient toutes nos provisions... Ce n'était pas tout, il fallait un lit. Pour cela la vive Mariquita (la fille de l'*hermitano*) me dit nettement que, comme tout le monde, je coucherais sur les bancs.... ». Chausenque, qui a un petit fond de XVIII⁰ siècle, « ne peut s'empêcher de faire certaines réflexions » en voyant Mariquita, « qui partout eût été jolie, et bien plus dans ce désert », être continuellement en tête-à-tête avec les desservants de la chapelle de Notre-Dame-de-Mongarre, deux cénobites dans toute la force de l'âge. Mais ces deux jeunes prêtres sont d'ailleurs fort aimables et cèdent au voyageur français une bonne chambre, où Chausenque peut coucher dans un lit. (Tout ce morceau de l'hospice de Mongarre est très joliment touché.) Le lendemain, après ce sommaire mais juste aperçu, qui fut le premier de sa vie et l'avant-dernier sur les hospices espagnols, il descend sur Mongossou, traverse enthousiasmé les clairières couvertes de rosée, les bois de la plus belle venue, « dignes du Nouveau-Monde », admire la torrentueuse Noguera, vive comme la flèche. Voulant rentrer en France, il compte passer le facile port de Salau, mais Martre ignorant la région le fourvoie, par brouillard, entre le port de Salau et celui d'Aula, sur un passage peu usité, encombré de neige glacée. A la descente, Chausenque glisse et pense aller se mettre en morceaux sur des rochers ; il se rattrape sur le bâton ferré : « mais le port de Berbégué » demeurera le plus mauvais souvenir de sa carrière.

La forte angoisse de cet incident passée, Chausenque, dans les régions moyennes, reprend l'entrain, et entame une nouvelle exploration, à sa manière. — Car il a une *manière*, caractérisée ; non d'alpiniste qui fait les pointes de pics, mais de topographe qui fait les tranches de Pyrénées.

Il tombe ici dans une tranche inédite : l'arrondissement
de Saint-Girons, le Couserans, le bassin du Salat ; bref,
l'espace mort qui sépare la Garonne de l'Ariège, et la
« tournée » occidentale de celle de l'Est. Beau pays jamais
visité qu'il découvre, qui lui appartient comme la vallée
d'Aure à son ami La Boulinière, et sur lequel de toutes ses
forces, et non sans charme, — mais à peu près en vain —
il cherche à appeler l'attention. Ce n'est pas seulement à
lui-même que serviront ses notes laborieuses et touffues,
elles seront les itinéraires tout faits du futur *guide Joanne*
de 1858 ! Aujourd'hui encore, après trois quarts de siècle,
il reste encore dans les *guides* actuels de nombreuses
traces de la primitive rédaction de Chausenque !

Par le val d'Angoust, descente du village de Conflens
encaissé dans un fond de précipice. A l'auberge, « dîner
abondant, délicieux après la mauvaise chère des jours
passés »... Indication du passage à Ustou par le col de
Rouze et le frais vallon de Bielle. — Excursion rapide à
Aulus et Ustou. — A grandes journées, longeant par le Nord
la partie de la haute chaîne qu'il a vue par le Sud entre le
Pla de Béret et Mongossou, et pour se distraire de la montagne sévère, visite du Castillonnais et de ses belles vallées :
parti de Seix à deux heures du matin, il passe le port de la
Core, admire la vue et descend la jolie vallée de *Betmale*,
laisse sur sa droite Castillon, dans la vallée de *Moulis* aboutissant à Saint-Girons, et remonte, dans la superbe vallée de
Biros, à Sentein « qui pourrait être le centre de courses
agréables ». C'était un dimanche. Pendant une demi-journée
de repos, il observe la race des montagnards ariègeois, et fait
la différence des grosses filles joufflues de la vallée de Biros,
« qui rappellent les Auvergnates », avec la jolie Béarnaise,
la Basquaise à la mine friponne, ou simplement avec la
Betmalaise au costume original.

Jugeant sans intérêt l'ascension du Mauberme ou du

Crabère, depuis que des hauteurs de Luchon il a vu « la
région intermédiaire », il passe par le col de Nédé — d'où il
voit superbement, du Mont-Vallier au Crabère, la chaîne et
ses ports — à Saint-Lary, chef-lieu de la fertile vallée de la
Ballongue. Puis en une heure le col de Portet, — vue sur la
riche Ballongue et le joli pic de Cagire, — redescente à
Coulédoux, remontée au pas d'Artiguescou, — belle vue sur
la haute chaîne, — redescente à Melles et coucher à Fos.

Rentrée dans la vallée d'Aran au Pont du Roi : description minutieuse. Vallée d'Artigue-Tellin, site « ossianique »,
où Chausenque, repris de l'émotion des sources de la
Garonne et du style approprié, ne serait pas surpris de voir
apparaître quelque vieux druide. Il se croit dans l'antique
Calédonie, et dans les vapeurs des cascades cherche quelque
apparence des ombres de Malvina, du grand Fingal (ô premier
Empire !). Le doux Chausenque est fort excité « dans ces lieux
inspirateurs, au milieu de scènes magiques », dans toute cette
belle région d'Artigue-Tellin, qui « épuise son admiration » ;
il a évidemment sous les yeux les pages de Ramond. Comme
Ramond il se trouve, lui aussi, à l'hermitage d'Artigue-Tellin,
dans une heureuse situation, bien couché dans la chambre
des prêtres, où l'adroit Martre a trouvé le moyen de l'introduire, et évitant la salle commune des bergers, vachers,
bûcherons et *picadous* (hommes qui, avec des piques,
repoussent dans le courant les bois de flottage). C'est sa
dernière nuit d'Espagne. Au Goueil de Joueou, « poussé par
une curiosité imprudente et malgré ses compagnons », il va
se mettre sur un sapin tombé, au milieu « de ce torrent
sorti de terre avec toutes ses fureurs ». Là, « téméraire
observateur, dans une émotion invincible », il contemple
« cette étrange scène... ». Mais les bouillonnements impé-
tueux dont il est entouré, l'indicible vélocité de ces ondes
éblouissantes, leur fracas et leur mille jets d'eau sont de trop

fortes épreuves pour sa tête (!!), il n'y reste que quelques
minutes. Et plus haut, à la vue d'un double cirque sous le
Toro (lisez : sous le Pouméro), d'abord immobile et stupéfait,
il se prend ensuite à pousser des cris « *pour appeler les
pâtres hors de leurs taudis enfumés, lorsqu'autour d'eux
la création étalait ses merveilles !* ». Naturellement rien
ne bouge. « *Les pâtres, enveloppés de leurs capes
grossières, restèrent sans s'émouvoir sur leurs couches
de sapin !* » dit Chausenque attristé...

(Tout ceci est du Dusaulx et répond moins à une parfaite
sincérité qu'à cette affectation du temps : ne pas seulement
sentir la nature, mais faire sentir qu'on la sent !

Du fond d'Artigue-Tellin, tournant à droite, il monte au
port de la Picade, tout neigeux — débouché merveilleux ; ses
yeux se fixent avec empressement sur la masse de la Maladetta. La crète Sud du port lui en cachait la base ; pour
aller à cette crète, il ne craignit pas, dit-il, de s'avancer
hors du sentier tracé dans la neige, et contre l'avis de son
guide Martre, qui ne l'accompagna point. Il chercha le Trou
du Toro, et le reconnut au bout de la ligne noire que traçait
dans la neige le torrent qui s'y perd. Il le regarda d'en haut,
sans être tenté d'y descendre. Après le coup d'œil à la
Maladetta, il rejoint son guide et tous deux se dirigent vers
le port de Vénasque, en passant loin de la base du pic
Trumous (la Mine ; l'autre pic du port est le *Boum*, Sauvegarde) pour éviter les avalanches : Martre indique l'endroit
où, deux ans auparavant, a été englouti l'infortuné Barrau
(le récit de cette catastrophe sera réservé par Chausenque,
dans son livre, comme point culminant de l'intérêt et coup
de théâtre final). Tous les lacets du port avaient disparu
sous la neige : les quatre lacs ne se décelaient que par leur
surface blanche nivelée, « perfide attrait pour l'imprudent
qui ne saurait pas les deviner ».

La dernière course fut le lac d'Oo, la montée au cirque d'Espingo par le « scabreux » (?) sentier de l'Escala. Chausenque y est presque aussi impressionné que s'il était avec les géodésiens sur la corniche de Troumouse ! Il parle de précipices de huit cents pieds : c'est qu'il se rappelle ce cri de Ramond à l'aspect du glacier de Tuquerouye : *pour atteindre la brèche, il aurait fallu des ailes !* il le trouve sublime et il veut lui-même le replacer n'importe à quel propos. Et le voici : du chemin où il se trouve, « *pour atteindre le fond du lac d'Oo, il m'eût fallu des ailes !* » Ceci ne répond à rien.

Lacs supérieurs, cirque glacé, le Seil de la Baque : tout était sous la neige : « paysage pareil à ceux que les monts du Groënland ou de Baffin doivent offrir aux hardis pêcheurs du pôle. » Le temps menaçait. Chausenque n'alla pas jusqu'au port d'Oo.

CHAUSENQUE

(SUITE)

VIII.

L'ARDIDEN. — LE VIGNEMALE VU DU PIMÉNÉ.

Au printemps de 1827, Chausenque (qui craint la chaleur, et non la neige, excursionne généralement de bonne heure dans la saison) peut enfin reconnaître « le groupe de Saint-Sauveur », le massif compris entre les vallées de Saint-Sauveur-Gèdre et de Cauterets-Lutour, en un mot l'Ardiden, massif âpre, rebutant, « sommités négligées à cause des difficultés de leur abord.... De tels lieux, presque inabordables, ne peuvent offrir d'attrait qu'au géologue, ou à celui qui se plaît au milieu des scènes étranges où la nature terrible, menaçante, se montre aussi dans sa majesté. Mais peut-il connaître les Pyrénées, celui qui se traînant servilement sur les routes, n'a jamais perdu de vue les rives ombragées, la fraîche verdure, et les bois des mille vallons qui sillonnent leurs bases ? » Avec un berger qui disait avoir pratiqué les sommets du massif, il fait le pic de Lithouèse (2.421 mètres), ascension qu'il racontera *con amore* et dans le plus grand détail. Monté de Saint-Sauveur par le val de Bastempe, il a d'abord une belle vue, mais au sommet il est pris par le brouillard, ce qui dans ces régions déchiquetées est une mauvaise affaire ; il descend en aveugle et dans l'anxiété, se laissant glisser vers le lac et le vallon de Lithouèse, retrouve le temps clair, et à la base du Castillon est émerveillé de la beauté des fleurs qui émaillent ses talus, et de la vue sur toute la vallée du Gave, depuis les hauteurs de Lourdes jusqu'à Gavarnie.

Un jour de beau temps, avec son même guide, il attaque de Saint-Sauveur l'ennuyeux, le fatigant Ardiden, interminable de ce côté (2.250 mètres à monter : l'Ardiden a aujourd'hui la prétention d'être « la plus longue course des Pyrénées ». il se vante : c'est couramment qu'aux Pyrénées les écarts de distances et d'altitudes entre les buts à atteindre et les gîtes sont extraordinaires, excessifs, hors de proportion). Ici Chausenque réussit-il tout à fait ? Evidemment non, car son récit confus sent l'ascension incomplète. Retenons-en ceci : qu'il prit par le Sud, par le val de Badet plein de neige ; qu'après une montée de quatre heures, lorsqu'il s'agît de terminer en gagnant la crête, il trouva l'ascension sur la neige, puis sur des blocs de granit où l'on devait ramper, très dure et même dangereuse ; qu'il atteignit une cime. De l'Ardiden véritable (2.988 mètres) il aurait dû tout dominer ; or il se vit « avec peine » *dominé au Sud-Ouest* par un pic qu'il nomme Candemil (l'Ardiden même ?) et qu'il attaqua, dans une tentative infructueuse, pendant laquelle il aperçut au Nord trois lacs d'Ardiden. Il dut rebrousser chemin et revint « désappointé » à son premier poste. Lui qui d'ordinaire a le panorama enthousiaste et prolixe, il est ici morne et bref. Il aperçoit la chapelle de Héas ; il enfile la rue de Barèges, d'où il a si souvent lorgné l'Ardiden, et il y lorgne les promeneurs. A ses pieds le val de Badet tourne à angle droit au lac Badet, **et monte au Santché à gauche duquel est Barbe-de-Bouc.**

Il aperçoit au loin le Monné et Péguère, mais il les aperçoit *par dessus le Rioné de Lutour* (l'Arrionné?). Il semble donc que, dans cette course — d'ailleurs méritoire et alors inédite — il ait abouti au Nord-Est de l'Ardiden (vers la cote 2.780 mètres).

L'affaire n'est pas d'importance. L'Ardiden, la grande ruine des Pyrénées, poste de chasseurs d'isards, observatoire superbe mais désolé, au bout d'une ascension désolante, ne deviendra point populaire. Il y a des montagnes qui n'arriveront jamais à être un sujet littéraire. L'Ardiden en est.

Peu après, en Juillet, repris du désir de vaincre le Vignemale ou de démontrer son absolue inaccessibilité; projetant cette fois d'attaquer, non plus par le Nord, mais par l'arête Sud du grand glacier: par le rocher jusqu'au sommet du Montferrant, et par le glacier dans la partie supérieure qui, de la seconde pène, lui avait paru une simple neige très praticable, Chausenque veut l'examiner d'en face et fait une excursion qui renouvelle exactement un des fameux « voyages » de Ramond. Parti avec le guide Charles, il rencontre à la sortie de Saint-Sauveur son ancien guide de Luchon, Martre (le Martre de Parrot et de Dufour), conduisant à Gavarnie un voyageur qui après avoir parcouru les Alpes, venait visiter les Pyrénées. On fait route ensemble, causant des Alpes, jusqu'à Gèdre. Notons qu'ici Chausenque, le futur auteur des *Voyages pédestres*, est à cheval. Il continue sur Héas, le cirque de Troumouse, le port de la Canaou : il voit « le Mont-Perdu s'élancer dans les airs avec une indicible grandeur », le précipice de Pinède se creuser sous ses pieds, l'Espagne apparaître par le col de Niscle. Là où Ramond a passé, il est difficile de ne pas recommencer Ramond, et Chausenque enthousiasmé recommence: « *le Mont-Perdu est à deux pas, on croirait l'atteindre d'un jet de pierre.... Pour la première fois je pouvais admirer son énorme structure. Quelle majesté dans cette architecture de géants!...* » etc.

Pour Chausenque d'ailleurs, Ramond fut toujours le modèle admiré, le maître vénéré. Quand le bon Chausenque, dans ses courses en montagnes, sentait la fatigue venir, le pas se ralentir, quand ses compagnons prolongeaient ou multipliaient les arrêts, il reprenait et donnait l'entrain en s'écriant : *Excelsior ! Excelsior ! Si Ramond nous voyait !*

Descendu de la Canaou, et après une nuit « sublime » dans le cirque de Troumouse, aux *couïlas* de Groutou, (« *Peut-il rester un regret pour la fatigue et les privations en présence de tels spectacles ?... Effet de ces magiques scènes dans le calme des nuits ! Quel empire elles exercent sur toutes nos facultés !...* »), Chausenque, prenant la vallée d'Estaubé, arrive sous le glacier de Tuquerouye. Un coup d'œil jeté sur sa forte inclinaison le convainquit « que Ramond n'avait pas exagéré les difficultés de cette audacieuse ascension ». Sur ce, il alla monter le Piméné.

Là, après la vue d'ensemble et la longue géologie d'usage, coup de lunette sur le Vignemale (ces examens à grande distance sont très trompeurs !). Le glacier d'Ossoue ? Son inclinaison, juge Chausenque, ne serait pas un obstacle, mais des milliers de crevasses hérissent cette voie de difficultés. « *Au reste* », ajoute-t-il, « *ce n'est pas cette route que j'avais en vue.* » L'arête de Montferrant (aujourd'hui si pratiquée en partie et même praticable en totalité pour les virtuoses) ? Impossible de la supposer un instant abordable. Le Montferrant par le Sud, par le plan d'Aube (par l'arête qui le relie au pic de Tapou et que pratiqueront une fois les ouvriers du comte Russell) ? Nulle chance. Et puis, ces obstacles vaincus, « *quand on serait au haut du glacier, impossible d'atteindre la cime principale : ses escarpements ne laissent aucun espoir* » (sic). Sur ces

observations absolument « positives », Chausenque n'hésite
pas à déclarer le Vignemale inaccessible du côté français.
Faut-il en chercher la route sur le revers espagnol ? Il
répond : « *C'est ce que je laisserai à décider, en ayant assez
vu d'ici pour me dissuader de le tenter* ». Et il renonce au
Vignemale pour toujours, le laissant à l'état de montagne
souvent frôlée, presque emportée, pas tout à fait. Une
demi-vierge.

IX

L'ARIÈGE. — LES MONTAGNES D'AULUS.

Comme le collectionneur auquel il manque une pièce pour
se compléter, Chausenque restait avec une lacune dans
sa série de panoramas des Pyrénées, depuis qu'en 1823 le
mauvais temps l'avait forcé à écourter son voyage dans la
partie orientale. Il lui manquait un aperçu de « la portion de
la haute chaîne comprise entre les ports d'Andorre et le
port de Salau » (en d'autres termes, de la chaîne ariègeoise),
« portion très peu connue quoique les hauteurs y soient
toujours considérables ». Il l'avait scrutée de Toulouse (d'où
elle se voit fort bien pendant les temps clairs qui précèdent
la pluie) ; c'était peu.

Enfin, en 1829, « impatient de voir de près cette zône
alpestre », avec M. G. de Luppé il marche droit au Montcalm,
par l'itinéraire classique, en deux jours, de Vicdessos;
coucher à Emperrot, aller et retour par Pla Subra (à
l'exclusion du val de Rioufred). Son récit, considérable, est
longtemps resté célèbre et comme une relation-type de très
grande ascension, avec une première journée préparatoire et
facile : trajet de vallée, passage à Auzat le dimanche, au
milieu d'un bassin fertile, cascade de Bassiès, débouché de la
gorge d'Arbelles, rapprochement des monts de Bassiès et de

Canals pour former une vaste tranchée : « dans de tels lieux où la nature est si riche on passe toujours trop vite, mais les impressions en restent vivement empreintes » ; montée aux granges d'Emperrot ; les femmes, les enfants « chargés de haillons et dont la vue fait mal », accourant pour voir les étrangers : « pays rude et pauvre ; sous les sales lambeaux qui les couvrent, quelques jolis enfants ; les jeunes filles encore assez bien ; les femmes perdant prématurément les grâces de la jeunesse, leurs figures pâles, maigries annoncent leur vie dure et leur misère ; « peuple plus affectueux, serviable et soumis que les Béarnais et les Basques, mais le beau sang cantabre ne coule plus dans ses veines » ; — enfin, chez le bon montagnard Jacole, dont la famille composée de trois générations s'empresse autour des voyageurs, un repas dans la chambre commune, taudis reluisant de fumée, où des grabats rangés aux murs laissent à peine la place de la table et des bancs du foyer, et coucher sur des draps jetés sur de la paille, dans la grange, loin des puces dévorantes...

(Tout ceci, bien qu'en France, aussi inédit alors, aussi coloré, aussi curieux à décrire que le seront vingt-cinq et cinquante ans plus tard les Pyrénées espagnoles.)

Le Montcalm n'est pas dangereux, mais il est long, haut, à pentes « excessivement raides » dit-on encore aujourd'hui. Corabœuf y avait eu des moments de grande difficulté et des résistances de la part de ses porteurs.

Le récit de Chausenque donne l'illusion qu'on a affaire à un Mont-Blanc ; départ à minuit, huit heures d'ascension, grandes neiges, talus inclinés, glissades, délibérations sur la route à suivre, fatigue extrême, mal de montagne, appels redoublés « à la liqueur de feu », à la gourde d'eau-de-vie. (Avec la neige, dira le comte Russell, le Montcalm a les prétentions d'un pic de 5.000 mètres. Les neiges de ces années paraissent avoir été excessives.)

Pour panorama « les *mille* sommets » (c'est le chiffre

consacré en matière de Montcalm) de la Garonne au Canigou,
et « les perspectives des régions hyperborées, le Spitzberg
ou la Nouvelle-Zemble ». Suit le détail. Et toujours la surprise
de voir les montagnes orientales si hautes.

Chausenque ne mentionne pas la tour de triangulation.
Chose curieuse, il opère depuis plusieurs années parallè-
lement aux géodésions, et il ne les soupçonne pas, même
quand il voit un témoin de leur passage. Il ne les a connus
que plus tard.

Pour la seconde fois, Chausenque dépasse aux Pyrénées
la cote de trois mille mètres. Près de lui, sur la frontière, est
la Pique d'Estats, dominant de quelques mètres le Montcalm,
lequel est entièrement en France. Il comptait l'atteindre
facilement ; mais il était dit que dans sa longue carrière
pyrénéiste, *il ne monterait jamais un pic frontière.*
L'orage survint, il fallut descendre, ce fut une fuite...

De Vicdessos par le port de Saleix, passage à Aulus.
Ascension du facile et beau Tuc de Bertrône ; vue superbe
du bassin d'Aulus, « terre brillante de fraîcheur et de
jeunesse », et de la haute chaîne, hérissée de pics, du
Montcalm au Mont-Vallier. Courses au lac de Mède, et
jusqu'à la crête frontière au port de Guillou.

C'était l'époque d'une sorte de trouble local, dit « insur-
rection des Demoiselles », mouvement de résistance à
l'administration forestière. Des maraudeurs déguisés cou-
raient la nuit dans tous les bois ; le merveilleux s'en était
immédiatement mêlé ; on croyait à des apparitions de
fantômes à vagues formes féminines. Au port de Guillou,
Chausenque et son compagnon furent pris pour des « demoiselles ».

Passage à Saint-Lizier d'Ustou par le col de La Trape, et
fin de cette « reconnaissance » par quelques courses dans
les montagnes d'Ustou : val d'Escorcé, aux riches contrastes,

aboutissant au pic Collat et au Montabone ; monotone val d'Aucèse aboutissant au port de Martrat ; étang d'Elleth.

Bref toute une région nouvelle révélée, décrite avec exactitude — un véritable dictionnaire de noms topographiques nouveaux, dans lequel les pyrénéistes seuls peuvent se reconnaître ; — et pour finir, une invocation à la Ramond, pour appeler les amis de la nature « dans ce beau pays d'Aulus, où Reboul a fait connaître des monts qui ne le cèdent guère aux premiers de la chaîne ; dans cette belle partie des Pyrénées laissée dans un long oubli si peu mérité ».

Après ce voyage, rien de 1830 à 1834.

X.

LES *VOYAGES PÉDESTRES*.

Tels sont, au complet, les éléments d'où Chausenque va former son livre. On en voit le fort et le faible.

Le fort : les Pyrénées remarquablement reconnues dans leur ensemble ; soixante lieues de chaîne de plus que Ramond (qui eût bien dû parcourir toutes les Pyrénées, au lieu de se terrer quinze ans à Barèges !). Une série considérable de descriptions alors entièrement inédites.

Le faible : des lacunes, de grandes lacunes dans des excursions qui n'ont pas été méthodiques (il n'est jamais monté au port du Marcadau, lui, un habitué de Cauterets ! ni au val de Couplan et au lac d'Orrédon, à la gorge de Clarabide et au lac de Caillaouas, etc.).

Visiteur intermittent et par saccades, naturaliste amateur, marcheur plutôt que grimpeur (grimpeur, il le fut pour son temps, mais aujourd'hui le sens du mot a tellement changé !) il a parcouru les régions traditionnelles, ascensionné les beaux observatoires latéraux : les Ger, Monné, Piméné,

Ardiden, etc. et fait de très courageuses ascensions *pour avoir l'observatoire* ; Chausenque est de son temps — et de l'école de Ramond — il ne fait pas le pic pour le pic. Et dans la ligne de faîte — ceci est singulier — il n'a jamais monté un seul pic, grand ou moyen. Il a seulement défilé devant la grande chaîne, dans l'admiration et comme dans l'attitude du respect, n'abordant ni ce qu'on pourrait appeler les hautes Basses-Pyrénées, du pic d'Anie à l'Arriel, ni le haut Azun, ni la région dite d'Aragon (qui est en France), ni le grand Vignemale, ni les sommets de Troumouse, d'Aure, de Louron, d'Oo, de Luchon, d'Aran. *A fortiori*, pas de Mont-Perdu, pas même de Tuquerouye : (quoi ! dans la longue carrière de ce fervent disciple de Ramond, pas une tentative pour voir la merveille révélée par le maître ! C'était le cas de s'écrier : *Excelsior ! si Ramond me voyait !* Mais c'est Ramond même qui avait fait de la Tuquerouye un épouvantail). Sur les Monts-Maudits, un coup d'œil de loin en passant.

De l'Espagne, d'ailleurs, il semble se détourner systématiquement, ce qui est bien un trait de pyrénéisme primitif : dans les idées d'alors, les Pyrénées espagnoles n'existent pas. Aucune tentation de descendre à Panticosa, ou dans la vallée d'Ordessa, au Trou du Toro, ou simplement à Vénasque. Ici Chausenque retarde sur Arbanère.

Par contre, dans la moitié orientale de la chaîne, loin des pics à glaciers redoutés du pyrénéisme primitif, pleine joie ! Il est tout heureux, épanoui, sur son terrain, dans son élément. Il fera entrer les Pyrénées orientales dans les montagnes littérairement décrites. Le Canigou, le Montcalm lui devront leurs plus beaux jours ! Et l'*Œil de Garonne* aussi. Et le Castillonnais. Et le pays d'Aulus. Ces tableaux de Chausenque, qui n'ont jamais été franchement jeunes d'ailleurs, ont pu jaunir, se craqueler, et finalement être éliminés de la littérature pratique et remplacés par d'autres morceaux d'un dessin plus ferme et plus serré, ils n'en demeurent pas moins curieux à conserver dans le musée de la littérature pyrénéiste.

Montagnard par l'âme, moins par le corps, Chausenque est nettement de goûts moyens ; l'homme des Pyrénées françaises, verdoyantes, aimables, et l'homme des panoramas, et des sommets ayant vue sur l'ensemble de la chaîne et dominés par elle. C'est d'une bonne loge de face qu'il veut voir le décor, il n'a nul désir de pénétrer dans les coulisses ou de passer derrière la toile de fond. Un peu apathique et lent, ou plutôt *incurieux*, dépourvu du feu de l'explorateur. Lui-même le dit : il s'est contenté « d'effleurer », il n'a fait que « la reconnaissance de quelques groupes de monts », et laisse à d'autres « le soin de s'enfoncer dans leurs dédales ». D'où, pas d'originalité d'itinéraires. Des deux tempéraments de montagnard, le chasseur, le berger, Chausenque n'a pas celui du chasseur d'isards, qui l'eût conduit peut-être au Néthou, sûrement au Vignemale. Il est pastoral, avec le goût des longues promenades sur les molles prairies (qu'il appelle des « pelouses élastiques »), à travers les forêts « romantiques » dont il se plaît à détailler les essences ; il aime boire du lait dans les *couïlas* (cabanes de bergers) avant de traverser les « stériles déserts », les régions de rochers et de neiges alors qualifiées de « paysages repoussants » ; il veut enfin, sur un pic « sourcilleux » être payé de sa peine par une vue « sur un dédale de monts ou sur un horizon sans bornes ».

Toute la volupté de la montagne est-elle dans le fait de l'ascension difficile ? Personne n'a joui des Pyrénées plus que Chausenque. Car pour en jouir il n'a pas besoin de leur marcher sur la crête à trois mille mètres. Il vibre du plus loin qu'il les voit (comme il a raison !), dès la terrasse de Pau où, la musique finie, il s'attarde dans de longues contemplations ; dès ces régions sous-pyrénéennes habitées,

vivantes, égayées de basques jouant à la pelote, de béarnais
accourant à la foire de Pau, de pèlerins de Bétharram, de
paysannes de Betmale, de mineurs de Vicdessos, de bergers,
de picadous, de danseurs catalans, etc. Ceci ne l'empêche,
ni de vibrer pour les hautes vallées comme celle d'Estaubé,
« retraites privilégiées » dont le calme et la beauté l'enchan-
tent ; pour les gaves, les cascades et les gorges, — pour les
beautés des régions inférieures des monts de premier ordre,
comme dit Ramond ; — ni de jouir des hautes régions si
impressionnantes, si vivifiantes, *« sommités glacées où la
puissance du Créateur nous frappe davantage.... lieux
redoutables où l'homme est effrayé de sa fragilité.... Solitudes mélancoliques où tout est ruines, où tout parle de
catastrophes ; véritables déserts sans mouvement et sans
vie, même par le plus brillant soleil ; où l'œil n'aperçoit
aucune de ces nuances qui lui plaisent, et où régnerait un
silence éternel, si le bruit des vents et des orages ne venait
souvent le troubler »*.

Chausenque a donc tout ce qu'il faut pour publier :

*Les Pyrénées, ou voyages pédestres dans toutes les
régions de ces montagnes, depuis l'Océan jusqu'à la
Méditerranée, contenant la description générale de cette
chaîne, des observations botaniques et géologiques, et des
remarques sur l'histoire, les mœurs et les idiômes des
diverses races qui l'habitent ; avec une carte et quelques
vues des Pyrénées ; par M. Chausenque, ancien capitaine
du génie*. Paris, Lecointe et Pougin (imprimerie Noubel,
Agen) 1834, 2 vol. in-8. (Titre trop long : *Chausenque : les
Pyrénées*, eût suffi).

C'est exclusivement sur cette première édition qu'il faut
juger. Elle est franche de venue, d'une typographie claire et
aérée, et en 1834, le livre est dans son vrai temps, intermé-

diaire et de transition ; livre d'un homme qui a causé avec
Ramond et qui correspondra avec Russell. L'édition de 1854
sera surchargée, déformée, sans proportions surtout. Tandis
que Chausenque a d'abord voulu un récit bien équilibré
en quatre parties égales : *Basses-Pyrénées, Hautes-Pyrénées,
Pyrénées Orientales, Sources de la Garonne*, et fait un
effort visible de composition pour répartir le sujet en
chapitres systématiquement tenus courts.

Par malheur, s'il sait serrer les chapitres, il ne sait pas
serrer la phrase. Chausenque n'est pas écrivain, et ce qui
est plus grave, croit devoir en conscience s'efforcer à l'être.
Prolixe et diffus, il veut tout dire, en dit moitié trop, et
s'excuse encore de n'en avoir pas dit davantage ! Déjà
ralenti par ces deux *impedimenta*, la géologie et la botanique, il entame les digressions historiques, les considérations d'art, des traités du sublime d'une gaucherie très
provinciale et d'un style *juste-milieu* qui font sourire, et
se met à tourner des paragraphes interminables où il s'enlize.

Eh bien ! de ce livre confusément écrit se dégage un
charme réel. Livre singulier, à la fois de second et de
premier ordre ! C'est que Chausenque a ardemment aimé
« les belles Pyrénées » et passionnément senti la nature.
Chausenque a eu l'originalité de savoir être marcheur mais
poète, rêveur mais exact (Russell l'appellera son maître) ;
bon observateur, témoin sympathique et sûr dont les descriptions valent des cartes. Il n'a pas le don de la clarté concise
et du mot qui fait trait, et comme disent les artistes, il ne
fait pas « le morceau ». Mais *pris dans l'ensemble*, chaque
récit d'excursion arrive à être un « morceau » (ainsi les
« morceaux » des Eaux-Bonnes, de la vallée d'Aspe, de la
montée de Cauterets au Vignemale, de l'Ardiden, du séjour
à Barèges, et même après Ramond, ceux de Troumouse et
de Gavarnie. Et le morceau de Mongarre-Mongossou. — Et
tout l'Ariège et les Pyrénées-Orientales — un volume !) —

Et tant de tableaux, de panoramas, de scènes épisodiques ; mine où les éditeurs de *guides* seront bien heureux de pouvoir puiser !

Encore une fois, voyons Chausenque dans son temps, quand les trois quarts de ses descriptions sont absolument nouvelles et inédites : des révélations ! (le livre d'Arbanère, trop vide, ne compte pas.) Quand il n'a d'autre prédécesseur que Ramond, le plus grand des *incurieux* en fait de pyrénéisme pittoresque : Ramond, qui prit les Pyrénées en expérimentateur, pour la solution de quelques problèmes de géologie et de physique, puis, le résultat obtenu, vécut sans vouloir rien connaître ni dire d'elles au milieu de ces montagnes qu'il était pourtant si jaloux d'avoir découvertes, et mit pour toujours en non-activité son génie de description !

Voyons Chausenque au milieu des promeneurs craintifs et déclamatoires de la période de l'imprécision.

Alors il apparaît l'amoureux des Pyrénées, le montagnard connaisseur et dilettante, l'écrivain modeste, un peu gauche mais renseigné.

Son livre demeure capital dans la série pyrénéiste. Aujourd'hui encore, parcouru au sortir des modernes relations d'escalades, récits tout de muscles, il repose, calme, rafraîchit. Comme après une journée de montée et de descente sur des « schistes scabreux », des « éboulis perfides », des « chaos désespérants », l'ascensionniste brisé retrouve avec joie un sol d'inclinaison maniable, une prairie douce aux pieds, une source.

Et le Néouvielle ?

Rien ne presse. Chausenque avait cinquante-deux ans quand il publia ses *Pyrénées*, et se croyait à bout de carrière. Il se trompait !

ROMANTISME

—

I.

ROMANS PYRÉNÉISTES. — GEORGE SAND.
LA LITHOGRAPHIE.

Chausenque, bien qu'il emploie souvent le mot « romantique » (*site romantique, accidents romantiques*, etc.) retarde : il écrit en français Empire-Restauration dans le plein de la floraison du romantisme.

Ayez des idées romantiques ! disait à ses clients le bon docteur Sarrabayrouse.

Il leur conseillait sans doute la lecture de *l'Homme de lettres aux eaux de Bagnères, ou la Calomnie*, par Mme de Courval, 1824 ;

Ou d'une nouvelle de la duchesse d'Abrantès, *la Vengeance d'une femme*, publiée dans le *Salmigondis* de 1832 : l'action se passe à Cauterets ; on y voit figurer le docteur Labbat, médecin des eaux ;

Ou du *Voyage au Vignemale* de la même duchesse d'Abrantès, dans le *Journal des Jeunes Personnes* de 1833-

1834. Le voyage, que nous avons analysé déjà, est pur Empire, mais la relation est pur romantisme. La duchesse écrit Gavarnie *Gavarni*, donnant au cirque le nom de son dessinateur favori. Et quand elle dit de ses souliers de montagne « qu'un Monsieur Acker d'Argelès les lui a faits aussi petits que pour sa Marianous », ceci n'est intelligible que si l'on a lu la nouvelle que Gavarni venait d'écrire : *Madame Acker* ;

Ou de *la Forêt du Vieux-Monde*, toujours de la duchesse d'Abrantès, article inspiré par la forêt qui monte du pont d'Espagne au lac de Gaube ;

Ou de *Une vieille histoire*, de George Sand (dans le tome I des *Heures du Soir*, par diverses femmes de lettres, Paris, Canel et Guyot, 1833, 6 vol. in-8 : plus tard ce roman a paru séparément sous le titre de *Lavinia*) ; l'action se passe à Saint-Sauveur. Résultat d'un voyage aux Pyrénées fait en 1825, par la jeune Aurore Dudevant, qui écrivait à sa mère des lettres délirantes sur ses courses en montagne et ses actes de courage, les périls terribles de la grotte de Lourdes, les précipices du pas de l'Echelle où les chevaux passent sans broncher, le pont de neige, les porteurs de chaise de Cauterets qui sautent sur des précipices sans fond, mais sentent le bouc d'une lieue : « *Je sautais comme eux d'une pierre à l'autre !* » (Tout à fait la duchesse d'Abrantès !) Et ce qui l'étonne et lui fait penser que les Pyrénées ont le privilège d'inspirer de l'audace, c'est de n'être pas seule à oser de telles choses, *car les compagnes de ses expéditions en faisaient exactement autant !* Dans le roman, il sera question des *mille dangers, très réels,* de la route de Gèdre !

Curieuses à rapprocher, la jeune mariée de 1825 écrivant de Bagnères : « Ma chère petite maman, je suis dans un tel enthousiasme des Pyrénées que je ne vais plus rêver et

parler, toute ma vie, que montagnes, grottes et précipices...»,
et la George Sand de 1836, séjournant à Chamounix entre
Liszt et la Comtesse d'Agoult, montant à la Mer de Glace en
habit d'homme et le cigare à la bouche, étonnante d'indiffé-
rence et disant : « Je porte la nature dans mon sein, qu'ai-je
à faire de venir ici pour l'admirer ?... J'aime mieux cette
campanule que toute votre Mer de Glace... Ce que j'ai vu
de plus beau à Chamounix, c'est ma fille... » etc.

Le bon docteur Sarrabayrouse pouvait aussi recommander
un livre peu portatif mais remarquable, les *Voyages
romantiques dans l'ancienne France*, le célèbre ouvrage
du baron Taylor, Nodier et de Cailleux, in-fol. La partie du
Languedoc, 1833-37, contient un article romantique et sans
intérêt sur les Pyrénées : texte avec encadrements romantiques d'après Viollet-Leduc, Blanchard, etc., et une série de
grandes vues pittoresques lithographiées par Chapuy,
Villeneuve, etc. Quelques-unes sont belles et fidèles.

Dans l'ensemble, quelle différence et quel *modernisme*,
si on les compare aux primitives lithographies des livres de
la Boulinière et de Samazeuilh où le cirque de Gavarnie
ressemble à une baignoire où coulent douze robinets ! —
aux *Vues prises dans les Pyrénées françaises, lithographiées par J. Jourdan* (d'après Frossart), *accompagnées
d'un texte par Émilien Frossard, pasteur de l'église
réformée* (l'un des futurs fondateurs de la Société Ramond)
et dédiées à la duchesse de Berry (Paris, Treuttel et Wurtz,
1829, in-fol., quelques-unes sont intéressantes : une vue
de la *Brèche de Roland* prise à la Brèche même); — à
l'album de Mme Sarrazin de Belmont, laquelle s'était établie
plusieurs mois, pour peindre, dans une cabane du val de
Jéret.

Quelle révolution dans l'histoire de la montagne : l'image,
le compte-rendu dessiné, tendant à se substituer à la

description écrite ; le *fac-simile* — ou prétendu tel — de la nature, à l'interprétation !

La lithographie est, pendant quarante ans, l'agent de vulgarisation des sites classiques des Pyrénées.

En 1834 un album de quarante costumes sous le titre *Pyrennées*, par le peintre Édouard Pingret : lithographies in-4° d'aspect encore primitif : *Contrebandier vénasquais passant le port d'Oo, Garde de la douane espagnole au port Devénasque* (sic), etc. Le N° 40 représente *Lafont, guide à Bagnères de Luchon, ascension au pic du Quairat, pic carré, 1585 toises, le 12 août 1833.* Le N° 22 a la prétention de représenter un des guides de Ramond sous ce titre : *Charlet, guide de Ramond au pic du Mont-Perdu.* (D'où sort ce Charlet que Ramond n'a jamais nommé ? Est-ce un surnom authentique de Simon Guicharnaud que le dessinateur a véritablement appris sur place ? Ou qu'il pourrait tenir, nous le verrons tout à l'heure, d'Achille Jubinal, qui l'aurait tenu de son père ?)

Les *Souvenirs des Pyrénées, ou choix des sites les plus pittoresques des établissements thermaux et des environs,* cinquante lithographies in-4° de Jacottet (Paris, Gihaut, et Bagnères, Jalon, 1835; il y a une seconde série), sont excellents, et formaient pour l'époque un document nouveau, et des plus intéressants.

Les cent lithographies de Frédéric Dandiran, 1836, in-4° sont du caractère modèles de dessin, uniformément gris. On pourrait citer encore la *Suite de Costumes des Pyrénées,* par Ferrogio, 12 p. in-4°, chez Gihaut, etc.

Et quelques lithographies isolées de Gavarni : l'*Ascension au pic de Bergons*, qui semble représenter simplement un *lion* et une grisette de 1835 en partie à Montmorency, etc.

Revenons aux livres de la période romantique : *Souvenirs*

d'un voyage dans les Pyrénées, Paris, à la Société des bons livres, rue des Saints-Pères, 1835, in-12 de 247 pages. Livre de plaine, et plutôt religieux que romantique ; itinéraire, Pau, Tarbes, Lourdes. Le récit de Bétharram, le 15 août, y est aussi recueilli que celui de Chausenque l'était peu : les impressions diffèrent.

Album pittoresque et historique des Pyrénées, par Fourcade, Paris, Albanel, Dentu, Bohaire, 1835, in-8 ; c'est un guide pour la tournée des Pyrénées, Pau-Luchon. Attardé comme style, il a adopté la nouvelle typographie romantique, le format et l'impression qu'on pourrait appeler « à la Renduel », du nom de l'éditeur des romantiques.

II

VOYAGE D'ARTISTE.

Le voici lui-même, ce célèbre Renduel, le Renduel d'Hugo, de Gautier et du bibliophile Jacob, et avec lui le livre romantique par excellence en matière de pyrénéisme :

Un Voyage d'artiste dans les Pyrénées, par deux Amis, E.E. Paris, Gosselin, Renduel, et Toulouse, Dagalier 1835, (imprimerie Froment, Toulouse) in-8 de 138 pages.

Un des plus curieux morceaux de la bibliographie pyrénéiste.

C'est le récit d'une excursion de Bagnères-de-Bigorre à Luchon, en vingt-huit chapitres d'un romantisme prémédité, tout ce qu'il y a de plus « première d'Hernani ».

Typographie essentiellement romantique, avec titres, sous-titres et épigraphes à chaque chapitre.

Pour la route d'Argelès à Cauterets :

> Tous les objets animés et inanimés commençaient
> à offrir ce mélange d'aridité et de grandeur, de
> stérilité et de sauvages horreurs, qui rendent ces
> régions si renommées.
>
> FENIMORE COOPER. *Le Bourreau de Berne.*

Pour la vallée de Lutour :

> O ? Quante belle.
>
> *La Gerusalemme liberata.*

Pour l'ascension au Monné :

> Welcome, Kindred glooms, Congenial horrors,
> hail !
>
> THOMSON.

Ainsi de suite : Ossian et Châteaubriand, Lamartine et Hugo.

Enfin, pour le bref chapitre qui donne les adresses des logeurs recommandés, cette épigraphe bien choisie :

> Modéré dans ses comptes, il avait un cellier bien
> garni et une jolie fille... Sa renommée était si grande
> que c'eût été s'avouer absolument indifférent à la
> réputation de voyageur que d'avoir été à Cumnor
> sans vider un verre au *Joli Ours noir.*
>
> WALTER SCOTT.

Le style est une vibration continue : « *Artiste, vois-tu cette tour crénelée se dessiner sur le flanc de cette montagne lointaine ? Eh bien, c'est le château de Lourdes, la porte des Pyrénées : hâte-toi de prendre tes crayons !.... Debout, artiste, arme-toi de tes crayons, nous voulons aujourd'hui t'introduire au sein des Pyrénées. Et puis le soleil est si beau, dorant de ses premiers rayons cette riche et brillante vallée d'Argelès. Oh ! oui, riche et brillante ! .... Arrivons à Pierrefitte ! Ouvrez tous vos*

*albums, taillez tous vos crayons ! .... Attention et dili-
gence, artiste, tu vas entrer dans la vallée du pont
d'Espagne ! Attention ! .. car tout y est beau ! N'est-ce pas
que dans cette gorge ombreuse un air balsamique et pur
enivre vos sens, exalte votre imagination ? Travaille,
artiste, travaille ! Oh quel immense et riche trésor ! que
d'études ! que de sujets ! Gavarni !!! (sic). Salut ! Salut,
merveille de la nature ! N'est-ce pas, artiste, qu'un
orage serait beau à voir dans le cirque de Gavarni ?.....»*
Enfin, ce morceau caractéristique ; il s'agit de la forêt de
sapins, en montant au lac de Gaube : « *Quelques pins isolés
annoncent la grande forêt où vous allez pénétrer. Comme
c'est triste et beau ! N'est-ce pas que ces pins tortus et
rabougris semblent ne pas oser s'élever vers le ciel ? A
côté de ces sapins fiers et élancés on dirait des avortons
de la nature. L'un a la cime dépouillée comme un vieillard caduc, l'autre se penche comme un boiteux ; celui-ci
se courbe comme un bossu ; celui-là est tordu comme un
cagneux ou un manchot, et ma bizarre imagination
d'artiste les comparait assez volontiers à cette assemblée
nommée la Cour des Miracles que l'auteur romantique
de* Notre-Dame-de-Paris *a dépeinte avec tant d'originalité.* »
La forêt-Cour-des-Miracles et les pins-Quasimodo, ceci,
comme romantisme, est trouvé !

En voguant sur le lac de Gaube, théâtre d'une catastrophe
récente, on donne *un souvenir, une larme à ces deux
époux anglais qui périrent dans ces eaux tranquilles :*
(les époux Patisson qui, en 1832, dans leur voyage de noces
aux Pyrénées, montés seuls dans la barque, l'avaient fait
chavirer) ; « *tout pleins encore des émotions d'une union
récente, ils moururent dans les bras l'un de l'autre (?)
tenant ainsi le serment qu'ils venaient de faire de s'aimer
toujours.* » Catastrophe romantique !

Nos artistes n'arrêtent pas leur course au lac : leurs projets sont plus vastes. Remontant cette vallée de Splumouse, Esplemousse, Splénouse, Plumous, dont le nom tant de fois modifié semblait ne plus pouvoir s'estropier, et qu'ils appellent cependant la vallée d'Esplumeaux, ils vont coucher à la cabane des pâtres (au « couila » de Chausenque) qui devient « un romantique réduit ». Ils dînent d'une épaisse pâtée de farine bouillie dans du lait. « *N'est-ce pas, artiste, que c'est un délicieux repas, celui qu'on fait, demi-couché sur un vieux tronc de sapin, au milieu des pâtres grossiers des Pyrénées ; n'est-ce pas que le lait et le pain de ces montagnards sont des mets exquis, surtout servis dans le chaudron ou le vase en bois, seule vaisselle de ces habitations sauvages ? ... »*

Il faut songer au sommeil : « *Artiste, n'est-ce pas qu'elle est belle, la nuit passée dans la hutte d'un berger sauvage, au milieu d'un désert, au pied du glacier du Vignemale ? Quel curieux spectacle pour celui qui nous verrait, à la lueur du feu, couchés les uns à côté des autres, n'ayant juste que la place de votre corps sans pouvoir vous retourner, recouverts de deux ou trois mauvaises capes, seules couvertures de ces bergers, chacun retenant avec soin la partie de ce sale manteau qui lui est échue dans l'arrangement général ! Oh ! qu'une nuit passée ainsi est sublime de poésie !* » (Ceci n'exprime-t-il pas prophétiquement la rage de plein air, la nostalgie d'inconfortable, la soif d'aller faire le sauvage pendant quelques jours, qui, à la fin du XIXe siècle s'empareront, l'été, de l'homme raffiné ?)

« *Repose, artiste, dors si tu peux : demain la course sera longue et pénible.* » Demain, c'est la grande journée, le passage à Gavarni (*sic*, toujours) : ce qu'on pourrait appeler le col du Vignemale romantique. L'épigraphe prépare bien :

> La mort est plus aisée à supporter sans y penser
> que la pensée de la mort sans péril.
>
> PASCAL.

« *Réveille-toi, artiste... Pour aujourd'hui adieu à la palette et aux crayons, le souvenir des lieux où tu vas passer ne sera empreint que dans ton âme : prépare-toi à de terribles épreuves, les périls sont grands ; la mort t'apparaîtra béante comme les crevasses des glaciers que tu vas braver. En avant donc, artiste, et du courage !....*

« *Nous suivons le chemin de la duchesse de Berri, mais au lieu de prendre comme elle à gauche, pour descendre dans la vallée de Lutour, nous tournons à droite. Artiste, c'est ici qu'il faut rassembler toutes les forces de ton âme ! — Où passons-nous ? — Là ! nous répond le guide. — Impossible, si nous glissons nous roulons dans les abîmes ! — C'est là le seul chemin pour aller à Gavarni, reculez-vous ? — Non certes....*

« *Oh ! ç'aurait été beau de nous voir dans cette course aventureuse, tantôt nous enfonçant sous une neige fraîche, retenus dans nos disparitions par le long bâton ferré que nous croisions sur notre tête (!!) tantôt creusant avec force la glace de nos pieds !... Ô surprise, ô bonheur ! des chasseurs ont laissé l'empreinte de leurs pas assurés. Nous suivons leurs traces... Nous sommes au sommet ! A genoux, artiste, à genoux, remercie l'Eternel ! Le Vignemale est élevé de 3.356 mètres... Continuons notre route vers Gavarni. Au moins, artiste, ayez soin de choisir un bon guide ; le nôtre nous égara au milieu de ces lieux sauvages : nous passions sur des ponts de neige, entendant le Gave mugir sous nos pas.... »*

Encore le *barranco*, le couloir de marbre ! encore l'incapacité des guides ! Il faut croire qu'elle était réelle, et elle

allait bientôt causer un funeste évènement, non imputable à
la montagne. Le 24 août 1836, deux jeunes gens inexpérimentés se lancent dans la traversée du col du Vignemale,
insuffisamment vêtus, non entraînés, avec un guide visiblement au-dessous de tout. Pris par le froid sur le glacier
de Gaube, et, à la descente sur Ossoue, par la fatigue, par
cette angoisse qui confine si vite à la folie et ôte tout ressort,
l'un tombe inanimé ; le guide reste pour l'assister, c'est en
vain : il est mort. L'autre, affolé, veut absolument chercher
du secours dans la direction de Gavarnie : le lendemain,
on trouve son corps gelé à la cascade d'Ossoue.

Revenons à nos artistes et ne nous trompons pas sur
leur petit livre. Le dévergondage d'interjections romantiques
mis à part, qui n'est peut-être ici qu'un amusement, ces
deux jeunes gens (?) « doués d'une âme de feu », sentent et
rendent les « sauvages beautés » de la montagne dans
quelques brèves phrases, avec une véritable force poétique.

Pour le val de Jéret, sur lequel se sont évertuées tant de
plumes, leur rapide chapitre demeure excellent et résume
tout : cascade de Mauhourat, gorge ombreuse, magnifiques
forêts, pic de Peyrelance, prairies, rhododendrons à fleurs
rouges, cascades de Cerizet, arc-en-ciel qu'y forme le soleil
en se jouant dans ses vapeurs argentées, voûte de verdure,
cascades du Pas de l'Ours et de Boussiès, et jusqu'à la
source exquise qui se trouve là près du chemin ; pont
d'Espagne, gouffre humide et profond, gaves furibonds et
bouillonnants, vieux sapins pourris, noirâtres rochers ; et
l'air qui enivre ; extase religieuse : « *Tout est grand, tout est
beau, l'on est tenté de se prosterner au pied du Créateur* » ;
griserie amoureuse : « *De tendres souvenirs viennent effleurer l'imagination : on rêve le passe, on rêve l'avenir,
surtout si l'ombre d'une femme glisse comme une figure
aérienne parmi ces sapins monstrueux.... Mais une*

cavalcade bruyante vous réveille de ce demi-sommeil et l'illusion disparaît.... »

Ceci est la poésie de la montagne verdoyante.

Et les deux artistes ont vu les Pyrénées espagnoles ! Pas longtemps, mais assez pour les sentir. Ils ont franchi le port du Marcadau, « affreux et sauvage », côtoyé les petits lacs, traversé l'amphithéâtre des bains, et par une gorge « hideuse » atteint la ville de Panticouse, petite et mal bâtie, où ils ont été bien accueillis chez l'alcade.

Puis, dans une forte journée de marche, ils sont allés passer au lac de Cattiero, et franchir la chaîne du Tendénère au port d'Ordissou, d'où ils se sont « élancés » dans la vallée du « Servillonat » qui, pauvre et triste, leur a donné froid à l'âme, une terreur involontaire : « Qu'on y est loin de toute habitation, de toute civilisation ! Quelques pâtres robustes, se profilant au haut d'un roc sur le ciel azuré avec leur large sombrero et leur manteau drapé, semblent des êtres mystérieux. *Pour si peu qu'il y ait de poésie dans votre âme, vous trouverez dans cette course d'immenses jouissances ! Le fond de cette gorge, dominé par le Vignemale, arrosé par le torrent du Servillonat, ferait un tableau d'un merveilleux effet !* » Un dernier port enfin, et ils viennent retomber dans la vallée d'Ossoue, tout émus d'avoir aperçu et salué cette terre d'Espagne, avec cette exclamation qu'il faut noter :

« N'est-ce pas que *l'imagination complaisante prête* à ces monts aragonais une physionomie étrangère, et qu'à chaque pas *on croît* reconnaître à la nature des caractères nouveaux ? » (Est-ce encore une prophétie ? Faut-il comprendre que pour l'enthousiasme des Pyrénées espagnoles il faut une excitation préalable et quelque montage de tête ?)

Mettons le *Voyage d'artiste* dans les charmants livres pyrénéistes, à côté de ceux de Saint-Amans et de Samazeuilh. Ce n'est point un morceau de résistance, mais un gentil poème en prose, une friandise légère : comme une boîte de fruits frappés, au parfum des Pyrénées.

III.

VOYAGE IMAGINAIRE. — ACHILLE JUBINAL.

D'ailleurs, un menu bien conçu ne comporte pas que des mets substantiels et des viandes fortes. Il y faut des intermèdes, sorbets et mousses : ce ne sont pas les moins bien accueillis.

Les livres techniques et spéciaux ne sont pas les préférés du grand public qui vient se distraire à la montagne ; il aime bien quelque chose de moins aride, de moins véridique peut-être, mais plus à sa portée ; peu de fond, mais la forme aimable et pétillante ; des «impressions de voyage» qui n'ont nul besoin d'être authentiques, il suffit qu'elles soient adroitement adaptées, dans le cabinet de travail, d'après des livres déjà faits. Tout est dans l'adresse d'agencement : il y faut de l'aplomb, et ne pas se trahir !

En 1833, Alexandre Dumas publiait ses premières *Impressions de Voyage* (en Suisse) : le succès en était immense.

Les Pyrénées ne furent pas en retard.

Achille Jubinal, sortant de l'école des Chartes, futur député de Bagnères, alors âgé de vingt-trois ans, et « cadet de Gascogne » comme né à Paris d'un père né à Luz, s'était mis à broder avec facilité et une verve agréable, dans une revue, des impressions de voyage, des *Lettres sur les Pyrénées,* qu'il data de 1832. Dans les parties planes, historiques, anecdotiques, archéologiques, tout va à peu près. Pour les régions hautes, les prodiges d'adaptation commencent.

En voici un exemple typique : le récit de l'ascension de Ramond au Mont-Perdu. Jubinal a sur sa table les *Observations* et les *Voyages au Mont-Perdu*, il les lit sommairement. Ceci fait, il racontera que lui Jubinal étant à Barèges et ayant besoin d'un guide pour le lac d'Escoubous, il est entré dans la maison d'un montagnard de soixante ans. Celui-ci ayant regardé l'heure, Jubinal voit sur la montre l'inscription : *A Simon Charlet, Madame veuve Ramond.* — Quoi, vous seriez le guide de Ramond ? Et moi je suis le fils de Miquel Jubinal qui a été à l'école avec vous .... — Et l'on s'embrasse. Alors Jubinal se fait raconter l'ascension au Mont-Perdu, et fait débiter par Charlet un fort morceau de Ramond transmuté en langage familier de guide : « *Dès mon enfance je parlais du Mont-Perdu. Avec l'âge ça ne fit que croître et embellir. Je ne savais comment m'y prendre pour monter ce grand chameau-là et pourtant je me répétais tous les jours en le regardant* (!!) : *je te grimperai dessus, va !* .... *M. La Peyrouse arrive, il me présente à M. Ramond et nous nous mettons à chercher le Mont-Perdu* » (qu'il voyait tous les jours! de Barèges !!) « *M. Ramond pestait* ... *Le 25 thermidor an V de la République une et indivisible* » (ici le guide soulève sa casquette) « *nous partons*.... *Nous couchâmes dans une grange de la Coumélie. Nous ne dormîmes guère, moi surtout, j'allais à chaque instant consulter le ciel. Nous entrâmes dans la vallée d'Estaubé,* ... *Subitement nous aperçûmes le Mont-Perdu : c'était une espèce de casquette blanche, couvrant une tête énorme, soutenue par de larges épaules et rayonnant sous le soleil comme un parapluie neuf. Pour cette fois, que je me dis, c'est bien lui....* » Et ainsi de suite.

Seulement, Jubinal a lu trop vite. Il n'a pas remarqué que le guide de Ramond, (Guicharnaud, le brave Simon) aurait eu en 1832 quatre-vingts ans et non soixante (ce qui lui eût donné quinze ans en 1787 quand il conduisit Ramond à Luchon) ; enfin que Simon n'a jamais été le guide de Ramond au Mont-Perdu, puisque ce furent Mouré, Rondo, Laurens ....

Il y a mieux : Jubinal, n'ayant pas sous les yeux le *Voyage au sommet du Mont-Perdu*, ignore encore en 1832 que le Mont-Perdu a été ascensionné. Et pour terminer, il fait dire à son Charlet : « *Je suis convaincu qu'en l'attaquant par l'Espagne on finirait par lui poser le pied sur la tête ; mais il faudrait pour cela de solides jarrets...* » (!!)

Un adaptateur adroit ne se fait pas saisir ainsi en flagrant délit.

Mais, avec sa description du val de Jéret, de ses cascades, Jubinal a pris à peu près tout le monde ! Et cependant, lui-même est pris : il ne sait pas le temps qu'il faut pour monter de Cauterets au pont d'Espagne ; il dit *neuf heures !*

Son ascension fictive à la brèche de Roland n'est pas banale : il croit apercevoir peut-être le royaume de Grenade ! (encore l'excitation sur l'Espagne).

Et la soi-disant montée au Vignemale ! Jubinal, en bon romancier, passe au lac de Gaube tout juste comme les époux Patisson sont en train de se noyer. Le mari dans la barque, manœuvrait bien, mais parvenu *au milieu du lac*, il veut le sonder *avec sa rame* ; il se penche, la tête emporte le corps, il est englouti ; la femme affolée se met à *courir d'un bord à l'autre de la barque*, et se précipite ... Et au même moment précis, le vieux batelier du lac expire à Cauterets. (Il mourut huit jours après dans sa cabane, dit Chausenque. Dans la réalité, la catastrophe du lac passait pour avoir été prosaïque : un bateau imprudemment balancé, après un déjeûner trop substantiel.)

Arrivé aux Oulettes de Gaube, *à l'embouchure de la vallée*, Jubinal (qui a sous les yeux le croquis de Ramond, lequel est pris sur l'autre versant!) se voit entouré de *concrétions imposantes* et fait une extraordinaire salade de pics : d'un côté le *Cerbillonna*, de l'autre le *pic Noir*, plus près le *Plan d'Aube et le Montferrant qui le domine;* au-dessus : *les deux sommités jumelles et le Som d'Era Costa, à 11.000 pieds, semblant un chêne centenaire environné de jeunes boutures »*. Huit heures (!) d'ascension sur des glaciers à pic où les crampons mordent à peine, et des pierres en dissolution, le mènent au *col de Montferrant* (col du Vignemale). Alors il voit la mer de glace « s'élancer verticalement comme un fleuve gelé, joindre le Montferrant à toutes les montagnes, jeter des ponts naturels sur des ravins immenses, faire plier sous un faix de neiges de grosses aiguilles ou des dômes gigantesques sur lesquels s'enfuient de nombreux troupeaux d'isards, *et descendre sur le territoire espagnol en s'avançant à perte de vue vers l'Aragon....* » (!!!)

(Il est temps que le Vignemale soit conquis : on commence à avoir dit sur lui assez d'énormités.)

Jubinal n'est pas allé sur les sommets, c'est évident. Mais est-il seulement allé aux Pyrénées ?

Prenons-le hors de la région du gave de Pau, qu'il peut connaître pour en avoir entendu parler par son père.

Dans la vallée d'Ossau, il ne sait pas comment est le défilé des Eaux-Chaudes! Mais il connaît *les glaciers du pic d'Ossau* (!!) et raconte qu'il ne daigne même pas mettre de crampons pour les passer, il les franchit en espadrilles....

Enfin à Luchon, région sur laquelle les descriptions, à cette époque, manquent (Jubinal, archéologue de profession, appelle Luchon *Lugdunum Convenarum*, Saint-Bertrand de Comminges), voici ce qu'il raconte :

Partis en cavalcade de douze dont cinq jeunes femmes, plus trois guides et cinq porteurs, laissant le village de

Montauban, *à mille mètres au dessus de Bagnères,* on arrive à la tour de Castelviel, *à douze cents mètres au dessus de Luchon: c'est le Bergons de Luchon, et de là on voit le port d'Oo et les montagnes de Clarabide ;* plus loin la vallée du Lys se découvre *d'un seul coup,* au fond une cascade tombe dans un gouffre *sans fond,* le *trou d'Enfer ;* de là, une montée mène à l'hospice de France, *tenu par des frères hospitaliers de Vénasque à chapeaux de Bazile ;* on s'élève sur un petit mamelon *d'où l'on voit les trois ports et les quatre lacs ;* en deux heures on est à la *Penna blanca* : en face, l'Aragon ; à gauche, le *pic d'Aréthon.* On descend à l'hospice espagnol ; des soldats sortent, se mettent en bataille, le factionnaire fait feu sur Jubinal, qui évite le coup en invulnérable compatriote de d'Artagnan. On renonce à poursuivre sur Vénasque. Que faire ? Si on montait la Maladetta ? On la monte. Après, on la descend : c'est plus dur, il faut s'attacher, *on prend les mouchoirs.* On se raconte l'histoire de Barrio (Barrau). Redescendus à la Penna Blanca, on entend le bruit du tambour et on voit défiler, avec le drapeau tricolore, cent gardes nationaux de Luchon, précédés du maire ceint de son écharpe, et allant à Vénasque mettre les Espagnols à la raison et tirer réparation de leurs procédés envers Jubinal et sa caravane.....

C'est la folie pure. Mais ce roman est fort gai et amusant !

Si Peau d'Ane *m'était conté,*
J'y prendrais un plaisir extrême...

Nota. Les livres de Ramond n'ont jamais été réimprimés. Les *Hautes-Pyrénées* de Jubinal ont eu éditions sur éditions, jusqu'en 1875.

1834-1839

I.

LE VIGNEMALE. — LE PRINCE DE LA MOSKOWA.

Le Vignemale avait été plusieurs fois manqué avec éclat.
Il fut emporté obscurément.

Montagne de premier ordre, d'une forme originale et
superbe, le plus élevé des sommets pyrénéens français, il
méritait d'être étudié de près et attaqué en règle, dût le
siège durer huit jours !

Chausenque, en y renonçant, n'a pas seulement laissé
échapper pour lui-même une occasion unique de gloire, il
s'est trouvé causer au Vignemale un préjudice irréparable.

Réalisée et racontée par lui, bien qu'il ne fût pas un
styliste, la conquête du Vignemale eût été une « première
à sensation », une des grandes « premières » pyrénéennes.

Au lieu de cela, rien. Un jour, il se trouva que le Vignemale avait été ascensionné par un guide du pays. Quel guide ?
Quel jour ? Rien de complètement sûr. Lacune déplorable
dans l'histoire pyrénéiste ! Oui, il faut renoncer à savoir —
d'une façon absolument certaine, — comment fut vaincue la
cime culminante des Pyrénées françaises ! On possède, il est

vrai, des renseignements, mais de seconde main, non vérifiés, et ne concordant pas entre eux.

Cantouz, de Gèdre, passe pour avoir fait la première ascension en 1834. Mais qui le dit? Cantouz, et il n'est pas contrôlé. Il a fait en 1838 au prince de la Moskowa, qui l'a rapporté, ce récit :

Lui et son beau-frère Bernard Guillembert se trouvaient le 8 octobre 1834, à une heure de l'après-midi, sur le grand glacier d'Ossoue, assez haut. Tout à coup la neige manque sous eux et ils tombent dans une crevasse très profonde. Guillembert, meurtri, est en assez mauvais état physique et moral : il pense à sa femme et à ses enfants. Cantouz, plus gaillard, le réconforte. Ils cherchent une issue, cheminent dans la crevasse, à genoux, à pied, à sec, dans l'eau ; passent d'une cavité à l'autre. Après avoir erré longtemps dans ce labyrinthe, ils trouvent un endroit favorable, creusent, avec leurs crampons mis aux mains, des trous dans les parois d'une cheminée de glace, et reviennent au jour. Des heures s'étaient écoulées, le soleil baissait vers Saragosse. Mais ils ne voyaient plus de dangers ; *le chemin qu'ils avaient parcouru dans la crevasse leur avait précisément fait tourner les derniers obstacles difficiles.* Ils étaient dans le plat pays, une plaine de neige sans fissures, dominée par quatre pics. Ils montent aisément à la cime du Vignemale. La nuit les y prend : ils la passent sur la montagne, et le lendemain trouvent un meilleur chemin pour descendre par le Sud.

De deux choses l'une : ou Cantouz a engasconné son aventure ; ou bien il a raconté la chose plus vraisemblablement, et c'est le prince de la Moskowa, militaire mais compositeur de musique et dilettante, qui a cru bien faire et mettre le récit du guide en valeur en lui donnant du brio et quelque panache romantique. Il fait parler à ce montagnard

une langue raffinée d'homme du monde, qui est invrai-
semblable.

Suivant Chausenque, témoin des plus sérieux, le Vignemale était devenu l'objectif de tous les guides de la région.
Latapie, de Cauterets, émettait la prétention d'en avoir
« trouvé le chemin ». Mais avoir l'idée de la route à prendre
n'est pas monter. La première ascension serait de Casaux, de
Gèdre, en 1837. Chausenque tenait le fait de Charles, son
ancien guide au Piméné.

La première ascension de touristes est rapportée par
Chausenque en quelques mots très nets. Le 6 août 1838,
conduites par Casaux et Charles, deux anglaises, lady Laster
et une de ses amies, bonnes ascensionnistes, partirent de
Gavarnie en habit d'homme, à cheval. On alla coucher à
la cabane la plus élevée du Plan d'Aube (lisez, de Plalaube :
au plateau de Lourdes). Le lendemain, à trois heures du
matin, on passa le port (de Plalaube), on tourna le Montferrant par le Sud, et à cinq heures on laissa les chevaux.
A huit heures on était aux neiges (à la grande nappe de
neige triangulaire, de trois cents mètres de dimension, et
d'une pente alarmante). Lady Lyster y montra, dit Charles,
un courage superlatif pour une femme. On reprit le
rocher, les téméraires voyageuses étaient très fatiguées.
Enfin on atteignit (soit par la première brèche, entre le
Montferrant et la pointe Centrale de 3.239 mètres, soit par la
seconde, entre la pointe Centrale et le Cerbillonas) le
sommet horizontal du glacier d'Ossoue, dépression circulaire de deux cents (*sic*) mètres de diamètre, sous quatre pics
inégaux (Montferrant ; première brèche ; pointe Centrale ;
seconde brèche ; pic de Cerbillonas ; col de Cerbillonas ;
Pique-Longue avec le Clot de la Hount). Là Casaux se
trompa en faisant contourner le glacier par la gauche, tandis

qu'on aurait pu, dit Charles, couper au court. On gravit sans
trop de difficultés le pic culminant. A une heure, cime. Pour
vue — à l'exception du val de Gaube, des ports de Panticouse
(de Brazato ?) et de Marcadau — le brouillard. Descente par
la même voie. Retour à Gavarnie vers huit heures du soir.

Quelques jours après, ascension du prince de la Moskowa, qui en a publié la relation dans la *Revue des Deux-
Mondes* de 1838.

Récit des plus intéressants, inaugurant une variété
nouvelle de littérature montagnarde : le récit d'homme du
monde, non ascensionniste professionnel, mais bon marcheur,
chasseur et sportman, qui arrive de Paris à la montagne, ne
recule pas à l'occasion devant un coup de collier pour un
beau pic, quitte à être fatigué le soir, et se trouve faire en
deux jours ce que Chausenque ne fait pas en soixante ans.

En juillet 1838, le prince de la Moskowa, fils aîné du
maréchal, chassait dans la région de Boucharo (dans la
vallée d'Ordessa ?) avec son frère Edgar Ney, lui-même
futur prince de la Moskowa, son domestique David, et trente
chasseurs. Son guide Cantouz lui dit : — Voulez-vous faire
une course extraordinaire et inédite, à 12.000 pieds (*sic*), et
plus facile que le Mont-Perdu, lequel est cependant très
fréquenté depuis que Rondo a trouvé le chemin par la tour
de Gaulis ; bref, monter au Vignemale ? — Répondez-vous
du chemin ? — Absolument.

Et l'ascension est décidée.

Le 11 août l'expédition, comprenant le prince, Edgar Ney,
David et deux guides, part de Luz et vient, par le val
d'Ossoue, coucher au pied du Cardal. Joyeuse nuit de
bivouac, où ne manquent ni les bordeaux supérieurs, ni
le punch, ni les chansons patoises des guides — on chante
beaucoup , aux Pyrénées ! — ni les jotas des bergers
aragonais.

Le lendemain on passe le Plan d'Aube (Plalaube), on descend dans la vallée du Cerbillonas, on laisse les chevaux, et renforcés de trois guides, à huit heures du matin, *on est huit,* dit en bon turfiste le prince de la Moskowa, *à se présenter alertes et dispos au poteau du départ, en excellente condition.* On contourne la base du Montferrant en s'élevant lentement, sur des éboulis d'ardoises des plus pénibles. Ensuite rocher solide, petites cheminées mouvantes. A onze heures, déjeuner. Puis on met les crampons et on attaque le « grand glacier » (*sic,* c'est simplement la grande plaque de neige) « aussi fatigant que périlleux ». Vu son inclinaison et sa dureté, on prend en lacets, chaque guide tenant la tête à son tour pour tailler des pas ou faire la trace : à chaque lacet on gagne dix mètres. C'est à cette partie de l'ascension que se rapporte ce passage souvent cité : « *Alors commence la marche la plus fatigante et la plus monotone...* » etc. On met deux heures et demie à traverser cette neige. Visiblement, les touristes sont beaucoup moins « en forme » que tout à l'heure. Ils ont des assoupissements, qui les empêchent d'avancer et font « qu'on parcourt les espaces sans se rendre compte ». Ils se réveillent à l'aspect des précipices Sud-Ouest du Vignemale : rien de si effrayant. Enfin, après une escalade à califourchon sur une arête de rochers, ils pénètrent par une brèche (la première ? la seconde ?) sur la plaine de neige circulaire, solitude impressionnante qu'ils croient devoir traverser en se tenant à la corde. C'est ici que Cantouz raconte sa première ascension. En une heure ils sont au sommet, et semblent peu frappés par la vue. Du côté de l'Espagne ils ne réussissent pas à voir Saragosse (voir Saragosse, Toulouse, Bordeaux, est le suprême désir des occasionnels qui risquent une grande ascension ; Jubinal pensait que de la brèche de Roland on peut voir Grenade ! Pourquoi pas Moscou ?). « Au Nord et à l'Ouest rien de digne d'être cité. »

Ils poussèrent les grands cris d'appel — le formidable *a-où*
prolongé, en usage dans les montagnes — et se figurèrent
entendre en réponse le cri du batelier du lac de Gaube... !

On laissa des cartes dans une bouteille. Cartes qui depuis
furent emportées, retrouvées par le comte Russell à Cauterets, remontées par lui au sommet du Vignemale, et qui ont
encore disparu. Mais Emilien Frossard a noté les noms :
Prince de la Moskowa, Edgar Ney, David; — guides : *Gazas*
et *Guillembert*, de Gèdre ; *Vincent*, de Luz ; *Baptiste
Bareilles*, de Gavarnie ; *Jean-Marie*, de Saint-Sauveur.

Eh bien ! et Cantouz ?

Comment en un Gazas Cantouz s'est-il changé ?

Ce serait incompréhensible, si dans les Pyrénées la
plupart des guides ne portaient deux noms.

A la descente, il y eut d'abord des chutes de pierre.
A la plaque de neige (dont Russell dira : « si on avait glissé
d'un centimètre on aurait fait une chute aussi rapide, aussi
vertigineuse que sur du verre, et certainement fatale ») le
prince de la Moskowa glissa et *partit*. Guillembert se laissa
glisser et put lui amortir l'arrivée. Néanmoins le prince fut
étourdi du coup et le guide eut le bras presque démis. Edgar
Ney regardait, troublé. Reprenant la descente, il *partit*
à son tour, entraînant Cantouz. Baptiste chercha à se placer
sur leur trajectoire pour enrayer, il fut emporté ; enfin
Vincent, enfonçant d'un vigoureux effort sa hache dans la
neige, put arrêter cette glissade. Ayant ainsi fait panache au
dernier obstacle, on ne continua la descente qu'avec les plus
grandes précautions. Le retour fut sans gaîté, on revint au
gîte (au poteau d'arrivée !) vainqueurs mais ternes. Qu'importe ? Le prince de la Moskowa eut l'honneur de publier le
premier récit de l'ascension du Vignemale.

Les ascensions restèrent très espacées. Pour cette route

par le Sud, de lady Lyster et du prince de la Moskowa, elle sera radicalement abandonnée jusqu'à la descente du comte Russell en 1882 ! Le prince de la Moskowa, sans avoir de points de comparaison, la croyait une « route rationnelle » et estimait que Cantouz aurait dû la découvrir *par le raisonnement et non par hasard.* Et il donne cette explication étrange, qui répond bien aux idées du temps : *du côté français les montagnes, protégées par les glaciers, sont dans leurs raideurs primitives* (sic), *tandis qu'en Espagne elles sont détruites par un soleil ardent qui les brûle* (sic) *et on peut monter sur leurs débris.*

Et par qui, à quelle date furent découverts et inaugurés les itinéraires actuels, par le glacier d'Ossoue, ou par le col des Mulets et l'Ouest ? Encore une fois nous ne saurons rien ! Elle méritait mieux, la noble Pique-Longue ! (Mais si au début le grand Vignemale a insuffisamment fait parler de lui, il s'est bien rattrapé dans la suite !)

Chausenque s'était consolé du Vignemale par une autre ascension longtemps désirée.

II.

SUITE DE CHAUSENQUE. — PORT DE PLAN. — PIC D'OSSAU.

Rien de plus casanier, au fond, de plus difficile à remuer que le pyrénéiste d'habitude (voyez Ramond !). Il fait choix d'un poste d'été, y revient toujours, s'y trouve heureux, et ne se déplace plus. Il en sortira peut-être pour traverser l'Europe ou l'Atlantique. Pour passer dans la vallée à côté, jamais !

Chausenque, fidèle de Cauterets et Bagnères, avait mis vingt ans à aller apercevoir la Maladetta. Et Chausenque, cependant, loin d'être un *pyrénéiste localisé,* est au

contraire un *pyrénéiste généralisé* : l'oiseau rare. Il est
allé jusqu'à Mont-Louis ! (Combien y en a-t-il aujourd'hui,
parmi les clients de Luchon et de Gavarnie, qui aillent à
Mont-Louis ?...)

Dès qu'il eut publié son livre sur *toutes* les régions des
Pyrénées, il sentit ses lacunes. Une surtout, injustifiable...

En juillet 1836, il séjournait dans sa très aimée Bagnères,
« ville Européenne, *terre neutre où Hygie, Esculape et le
plaisir promènent seuls leur sceptre absolu* », refaisant
avec volupté le Montaigu et la pène de Lhiéris. Prenant
enfin un grand parti, il résolut de pénétrer dans la vallée
d'Aure. Il n'en connaissait que le *péristyle*, pour être passé
à Arreau.

Il combina la course du port de Plan. Non pas course
dangereuse : chemin muletier ! Mais course rare, alors
non décrite, et encore aujourd'hui presque jamais faite.
D'une station d'eaux, Bagnères ou Luchon, il y faut trois
jours (plus long que l'ascension du Mont-Blanc !). Ce qui
implique deux nuits : côté scabreux.

Toujours noctambule par crainte de la chaleur, il partit à
trois heures du matin, à cheval, avec un guide, vint à la
hourquette d'Ancizan, découvrit la superbe vallée d'Aure
aux vingt-six villages, passa à Vielle et vint finir la journée
à Saint-Lary alors ruiné par l'inondation de 1834. Un
cabaret s'était relevé : on y offrit à Chausenque le « lit
d'honneur ». A peine couché, dévoré vivant, il sautait,
criait au secours, et pour le délivrer des « taches mobiles »
qui le couvraient, l'hôte devait littéralement le râcler avec
un balai....

A une heure du matin il repart, vient à l'entrée de cette
gorge d'Aure qu'il se rappelle avoir soupçonnée trente ans
avant, du haut du col d'Aubert, et tourne dans le fameux
val de Riou-Majou. Là, amoureux des Pyrénées comme au

premier jour, frais d'impressions, toujours poète, goûtant ce charme des nuits pyrénéennes qui jadis enivra Ramond : le grondement du torrent invisible, le bruit des cascades apporté par le vent d'Espagne, les senteurs des pins, l'atmosphère tiède et parfumée, l'aube venant éclairer un paysage inconnu — vallon de Frécancou, pic de Batoa, etc.; — il est pris de l'émotion de la découverte de cette région superbe : il se reproche ses trop longues hésitations....

Il arrive à l'hospice de Riou-Majou au moment où les Espagnols de Gistain, allant au marché d'Arreau, subissent la visite de la douane : tableau de genre.

Chausenque laisse son cheval, continue l'ascension à pied, — passant à un endroit où en février précédent, trois douaniers et deux Espagnols étaient restés ensevelis sous une avalanche, — et arrive au port, ou plutôt au sommet qui est le port, essoufflé; ébloui, dans la neige et sous un ciel de feu, par le magnifique spectacle de cette vue immense et inusitée : les Pyrénées prises par le milieu de la distance qui sépare la Maladetta du Mont-Perdu? Sous ses pieds, la profonde vallée de la Cinquetta, le Plan, le col de Sahoun qui verse dans la vallée de l'Essera ; devant lui au Sud-Ouest, une montagne imprévue : la « Punta de Souelsa » (en 1836, celui qui doit en faire l'ascension vient à peine de naître !); à sa gauche, la crête frontière, jusqu'au Batchimale et aux masses de Clarabide; à sa droite, le pic d'Ourdissetou, jetant en France une longue crête qui forme les pics d'Arré et de Tramesaigues; puis, dans le vide laissé entre l'Ourdissetou et le Suelsa, au loin, les *Trois Sœurs*, le Mont-Perdu, brillant, toujours avec son air d'apparition, impressionnant aux cœurs pyrénéistes ; un coin du fond du cirque de Bielsa.... Au Sud-Est et au Sud, des montagnes déconcertantes (les massifs du Posets, de l'Eristé, du Cotieilla, etc.) et alors si mystérieuses que Chausenque n'y peut mettre aucun nom, et les qualifie vaguement « Clarabide », ou « la montagne espagnole ». ou « le fouillis culminant.... ».

Enthousiasmé, Chausenque regrette son cheval : il serait revenu par le port de Pez ; peut-être même il aurait donné un coup d'œil à la fameuse gorge de Clarabide !...

Il lui fallut redescendre à l'hospice, où il tomba accablé sur une table et s'endormit pendant que l'orage éclatait. Le soir, la pluie l'accompagna jusqu'à Vielle où il coucha. Ici, pour l'honneur des Pyrénées, gîte confortable.

Chausenque en 1837 était aux Eaux-Bonnes, saisissant l'occasion de parfaire la description de cette région ; il accompagnait, dans une chasse à l'isard, le fameux entomologiste-chasseur M. de Rippert : montée par Plassegouné, entre le Ger et Péneméda, col Amoulat, descente par Anouillasse ; course où il eut l'occasion de voir deux points célèbres : dans Plassegouné, le lieu rendu fameux par un coup double dudit M. de Rippert sur deux isards ; et sous le pic Amoulat (en français : pic Aiguisé), l'à-pic sur lequel le vainqueur de ce sommet, le docteur Dufour, en 1819, ayant perdu ainsi que son guide la trace du passage de montée, s'était mis en perdition et avait connu les angoisses du désespoir.

Chausenque, donc, après une pointe sur le port de Peyrelue, avait fait le pic du Midi d'Ossau qu'il voulait « à tout prix ». En montant les cheminées, satisfait de son habileté sur le roc, il avait montré avec fierté à son guide « que sur ce terrain il en savait plus que lui ». Enfin il avait atteint — à bout de forces — la cime convoitée ; regardé « ces abîmes fantastiques où réside le vertige », retrouvé « sous le cône de pierrailles dont les géographes avaient couronné le colossal repère » l'ardoise portant les noms de Peytier et d'Hossard ; passé sur ce pic « noirci par le temps, mille fois fracturé, d'une décrépitude extrême et d'un aspect

hideux, où la nature est avare de tout ce qui soulage l'œil »,
trois heures à faire un voyage aérien, à détailler le gigantesque panorama (Chausenque, qui n'est pas le premier au
pic, est le premier à nous dire ce que l'on voit du pic!), à
parcourir plusieurs fois du regard le vaste circuit, « spectacle
magnifique dont on est malgré soi exalté » : le « fouillis »
des montagnes de l'Ouest, où les fières Pyrénées sont prêtes
à s'effacer dans de vulgaires cimes; surtout les régions de
Panticouse, Piédrahita, Salient, Canfranc, (la terre promise
des futurs pyrénéistes) « la patrie des Ximénès, des
Sanche, des Ramire » : il subit la séduction irrésistible du
lointain de l'Espagne, mais platoniquement. Et pour le
Vignemale, à huit lieues de distance il croit pouvoir
reconnaître qu'il y a peu d'espoir qu'il soit plus accessible
du côté Ouest et par le « Cerbellonat » que du côté de la
France. Jugement aventuré de la part du montagnard
expérimenté qui a vaincu la seconde pène. Mais la physionomie spéciale de Chausenque est précisément d'être un
singulier mélange de courage et d'idées primitives.

III.

UN *GUIDE* EN 1834-1839 : RICHARD.

La première édition du *Guide aux Pyrénées, itinéraire
pédestre des montagnes*, par Richard (Audin), ingénieur
géographe, Paris, Maison, in-8, parut en 1834. La seconde,
« considérablement augmentée », en 1839 et 1841 (426 pages
de petit texte compact).

Mince valeur intrinsèque. Guide fait de loin, dans le
silence du cabinet, à vue de nez et à coups de ciseaux, dans
les rares documents que l'on pouvait avoir alors, lus non
seulement sans aucun flair de la montagne, mais avec
un sens anti-montagnard prononcé. Richard admet bien

Ramond, parce qu'il a des moments déclamatoires, mais
il lui préfère, et il le dit, la comtesse de l'Epine, qui est
montée au pic du Midi à cheval, ce qui lui semble bien
autrement difficile que de monter le Mont-Perdu à pied !
Il laisse de côté tous les renseignements précis, qu'il ne
comprend pas, La Boulinière et Chausenque, qui décrivent
détaillé et donnant les noms des pics, *dénominations locales
peu intéressantes qui fatiguent l'attention des lecteurs
sans ajouter à leur savoir*. Combien il préfère Dusaulx !
Il en citera des trente pages à la fois. Dusaulx n'avait encore
jamais été à pareille fête. Et le comte Ortoff, apprécié de
Richard « *pour la fraîcheur étrangère que porte naturellement avec lui un* VOYAGEUR SCYTHE *visitant en* NOUVEL
ANACHARSIS *des contrées bien différentes de celles qui
l'ont vu naître, pour observer en quelque manière dans
son principal foyer, la civilisation moderne...* » (!)

Dans ces conditions, sans travail personnel et sans unité
de vues, ce guide « moderne » est une anthologie (ou un
arlequin) de la littérature pyrénéiste primitive ; un recueil
de morceaux, comme un programme de représentation à
bénéfice :

Allons aux Pyrénées, ouverture (variations sur un thème de Dusaulx)	EGRON.
Le Lavedan	PICQUÉ.
Saint-Savin	THIERS.
Gorge de Pierrefitte	JOUDOU.
Barèges et ses courses	DUSAULX.
Le pic du Midi (à cheval)	Mᵐᵉ DE L'ÉPINE.
Les Plantes	CHAUSENQUE.
Géologie	LOMET.
Géognosie	CHARPENTIER.
Mœurs	ARNAUD ABADIE.
Cascades de Cauterets, Pont d'Espagne	AZAïs.
Vignemale	LA BOULINIÈRE.
Val de Jéret	JUBINAL.
Saint-Sauveur (extrait de *La Quotidienne* de 1833)	X***
Gavarnie (grande symphonie en cinq parties)	DUSAULX.

Brèche de Tuquerouye......................	RAMOND.
Mont-Perdu....................	RAMOND.

(Richard, ceci est méritoire, a connu et reproduit
le récit du voyage au sommet du Mont-Perdu).

Bagnères de Bigorre	FOURCADE.

Et aussi Ganderax, Sarrabayrouse, Pambrun.

Le Néouvielle (récit des dangers qu'a courus sur
cette montagne un voyageur qui n'y est pas allé,
car il s'est simplement égaré dans le brouillard
au col d'Aure avec le guide Mouré)........... ARBANÈRE.

Les Landes.................................	SAINT-AMANS
Les Basques................................	LA CHABEAUSSIÈRE.
Le Pic du Midi d'Ossau (Extrait de Palassou) ...	D'AUGEROT.

Le Canigou (ascension dramatique... extrait du
Journal de Maine-et-Loire, 1832)... C. L.

Luchon, généralités..........................	ARBANÈRE.
Cascade de Juzet...........................	VAUDREUIL.
Lac d'Oo, Arboust, vallée d'Aure.............	DRALET.

Lac du Port d'Oo (voyage aussi pénible que
dangereux)................................ RAMOND.

Bosost.....................................	VAUDREUIL.
La Vallée du Lys	VAUDREUIL
Vallée d'Asto	ORLOFF.

Et le port de Vénasque ? Le *guide* n'en parle pas. Richard
nous affirme être *venu et revenu* aux Pyrénées. N'en croyons
rien. Mais il est aussi une montagne qu'il ne connaît pas et
ne nomme pas encore en 1841 : la Maladetta ! Toujours la
même raison : les documents sur Luchon manquaient. Toute
la littérature primitive est sur la région du Gave de Pau !

Et cependant, au point de vue relatif, le guide Richard
est novateur. Il inaugure la méthode par itinéraires :
*Route n° 1 , Paris à Tarbes ; n° 2, Paris à Pau ; n° 3,
Paris à Toulouse ; n° 4, Paris à Perpignan ; n° 5, Pau
à Lourdes ; n° 6, Lourdes à Argelès*, etc. Il est donc le
point de départ des guides perfectionnés, le prédécesseur
du guide Joanne ; c'est le germe qui, fécondé pendant un
demi-siècle par une série d'explorateurs et d'ascensionnistes,
deviendra un corps de renseignements complet et parfait,
— auquel il sera toujours curieux de comparer son embryon.

La seconde édition donne une description des Eaux-Bonnes, Eaux-Chaudes, Vallée d'Ossau, par « M. Nisard, un de nos meilleurs écrivains », et un *Gavarnie en 1837* par Cuvillier-Fleury, article du *Journal des Débats*.

IV.

NISARD. — CUVILLIER-FLEURY. — LÉONCE DE LAVERGNE.

Dans le premier volume (*Souvenirs de Voyages*) des *Mélanges, par D. Nisard*, Paris, Delloye et Lecou, 1838, 2 vol. in-8, est le *Souvenir d'un voyage aux Pyrénées* (75 pages : *les Landes, la vallée de Pau — la ville de Pau, quelques détails de mœurs — la vallée d'Ossau, les jeunes filles, arrivée aux Eaux-Bonnes — les Eaux-Bonnes, les Eaux-Chaudes, les malades, un orage, une nuit dans la cabane d'un montagnard, les montagnes, les cascades*).

Ainsi Nisard est allé de Pau aux Eaux-Bonnes. C'est court. Et à ne prendre les Pyrénées que par un seul spécimen, les Eaux-Bonnes sont le plus mal choisi. « C'est une pitié que le séjour des Eaux-Bonnes » : quel début !

L'erreur des écrivains — des plus grands — est de croire qu'il suffit d'être écrivain pour écrire sur la montagne, et que la montagne est un « sujet » qui peut se traiter dans le cabinet, s'amplifier en face de son papier, et vous sortir tout armé de la tête comme n'importe quel autre sujet de dissertation.

S'il suffisait d'être écrivain, Nisard serait montagnard. On croit un moment qu'il va le devenir quand il dit : « les gens à impressions mobiles ne doivent pas se hâter de juger les montagnes ; il ne faut pas les traverser en courant, il faut les monter et les descendre, les pratiquer ». Mais bientôt on s'aperçoit qu'il ne le sera jamais. Ses illusions

s'en vont. En voyant le haut des pics couvert, il voulait aller
aux nuages, évidemment matière impondérable, éthérée,
céleste. Or, un jour ce sont les nuages qui viennent à lui,
enveloppant les Eaux-Bonnes, et il s'aperçoit que le nuage
est « un brouillard qui ne se résout pas et qui sent
mauvais ». La première cascade l'avait ravi, sans qu'il ait
cherché à en savoir le nom : c'était la cascade *en soi* ; la
première montagne aussi. Bientôt, « comme on se lasse des
montagnes, on se lasse aussi des cascades ; le bruit vous
fatigue ; on s'impatiente pour cette eau qui ne peut rien
changer à sa loi, qui fait cascade éternellement au même
endroit, jour et nuit. On éprouve une sorte de colère contre
cette éternité aveugle. D'ailleurs, il en est de certaines
curiosités naturelles comme de certains drames : jamais ce
qu'on voit n'égale ce qu'on voudrait voir.... De certaines
choses extraordinaires, la première qu'on voit est la seule
qui étonne....... Encore une fois, la cascade est d'un
médiocre intérêt.... »

Et pour finir, ce cri du cœur : « *Que la vue d'un lande
sans fin est douce au voyageur qui est resté quelques
semaines emprisonné dans les montagnes !* »

Il faudra toujours regretter que Cuvillier-Fleury n'ait pas
fait d'ascensions, il eût été un écrivain-montagnard de
premier ordre : il avait l'instinct de la montagne. Ses deux
articles de 1837 aux *Débats* (réimprimés dans *Voyages et
Voyageurs*, Michel Lévy, 1854), l'un sur Bagnères, l'autre
sur Gavarnie, sont d'une plume singulièrement alerte. Il
reprend avec charme et nouveauté ce sujet si banal, le
trajet Pierrefitte-Gavarnie, rajeunissant l'idée de Dusaulx
qui, non sans instinct d'écrivain, en avait fait un long drame
dont le principal acteur est le Gave emprisonné cherchant
à s'échapper. Il sent la dimension vraie du cirque de
Gavarnie, il ne cherche pas à le remplir avec un nombre

d'hommes plus ou moins fantaisiste, mais avec un orage.
« Une tempête envoyée par Dieu, c'est là le seul acteur qui
soit de taille à jouer sur ce grand théâtre. »

Comme il a raison quand il parle, pour les récits de
montagnes, du grossissement des détails qui rapetisse l'ensemble, de la foule d'incidents qui vous ont ému sur le
terrain et qui sont mesquins et misérables vus à distance.
(A méditer, futurs alpinistes !)

Et cette remarque plaisante sur ce défaut d'un grand
nombre de touristes des Pyrénées, qui paraissent plus
préoccupés d'équitation que de montagnes : « *On dirait
des jockeys qui voyagent pour leur instruction* ».

Et ce joli morceau : l'influence de la haute montagne sur
les voyageurs qui la visitent en passant. « Elle les jette en
dehors de leur nature, elle les modifie, elle les transforme,
les met en fusion comme le métal soumis à l'action d'un
foyer ardent. Tout y concourt, le soleil, la pluie, les orages,
toutes les variations, tous les accidents de l'atmosphère,
car au milieu des hautes montagnes, les phénomènes les
plus ordinaires prennent un caractère étrange, insolite, et
revêtent je ne sais quelles formes grandioses, auquel l'habitant de la plaine ne comprend rien. Tout devient émotion,
tout tourne au drame. Il y a de la passion et de la person-
nalité, pour ainsi dire, dans le ciel qui vous couvre, sur le
sol qu'on foule aux pieds, dans l'air qu'on respire. Il y a, je
vous assure, de l'enchantement, de la fascination dans cette
vie-là. On résiste d'abord, mais l'influence de la montagne
finit par l'emporter. On était venu pour cacher sa vie, pour
l'abriter au fond de quelque gorge discrète et silencieuse, et
un matin l'influence de la montagne vous saisit et vous
entraîne. Elle vous dit « marche ! marche ! » Vous courez le
jour, vous courez la nuit ; vous franchissez des espaces
immenses, vous traversez à pied l'eau des torrents, vous
sautez sur la croupe décharnée du monstre, le long de ses

flancs sillonnés par la foudre ; vous voilà à la source des cascades éternelles, debout sur les corniches chancelantes, entre le ciel et l'abîme ! A ce moment, l'enthousiasme vous prend. Il n'y a pas moyen de regretter l'Opéra, le boulevard de Gand et la forêt de Marly. Vous étiez incrédule, vous êtes converti : — un *parisien révolté !*..... »

A ces morceaux, ajoutez un article plein de charme de Léonce de Lavergne sur le Castillonnais, ses vallées d'Engoumer, de Biros, de Ballongue, de Betmale, la sortie de la messe à Ayet et le défilé des Betmalaises aux capuchons blancs (ceci nous change un peu de la classique vallée de Campan), le port d'Orle et la vie pastorale dans la montagne moyenne, la poésie virgilienne des Pyrénées, etc. (*Le Castillonnais* de Léonce de Lavergne, les fragments de Nisard sur Pau, de Cuvillier-Fleury sur Bagnères, le morceau de Thiers sur la vallée d'Argelès, et un article de Michel Chevalier sur la *Vallée de l'Ariège et l'Andorre* ont été donnés en 1842 dans *Le Routier des provinces méridionales*, Toulouse, de Pablos, in-4° ; ils forment une sorte de cycle de la fine littérature des vallées).

IV.

BARÈRE.

En 1839 parut à Tarbes une traduction du voyage de Hardy de 1822 :

Voyage pittoresque et descriptif dans les Hautes-Pyrénées ... par J. Hardy, écuyer, traduit de l'anglais, avec vingt-quatre appendices ajoutés par B. Barère de Vieuzac, membre de plusieurs académies. Tarbes, imp. Lavigne, 1839, in-12 de 149 pages.

Pour Hardy, il vient ici en retard. Mais il saute aux yeux que l'intérêt de ce petit volume est dans le nom de l'auteur des appendices.

En 1839 le canton de Tarbes avait pour représentant au conseil général un vieillard de quatre-vingt-quatre ans, né la même année que Ramond, en 1755 : Bertrand Barère. C'était le Barère de la Révolution, le fameux rapporteur du Comité de Salut public, le terroriste sceptique auquel on ne peut imputer aucun acte de vengeance personnelle, et qui, ayant épargné la Terreur à son propre département, y avait toujours conservé de chauds amis et partisans. Il mourut en 1841 à quatre-vingt-dix ans. Les appendices du voyage de Hardy, qui n'ont aucun rapport avec ce voyage et sont des tableaux des Hautes-Pyrénées, en petites notes coupées et sans liaison, furent le chant suprême de celui qui avait été surnommé l'Anacréon de la guillotine : les dernières — et inoffensives — « carmagnoles », fort constitutionnelles, pleines de déférence pour le roi Louis-Philippe, poétiques, et même religieuses.

FRANQUEVILLE ET TCHIHATCHEFF

I

TRIOMPHE DE LUCHON.

A dater de 1840 s'ouvre pour les Pyrénées l'ère de l'épanouissement. A l'âge de la chaise de poste a succédé l'âge des diligences, et des fameuses briskas si vantées par nos pères ; les chemins de fer vont s'amorcer. L'habitude des voyages se répand : on commence à venir aux Pyrénées en nombre, et pour s'y amuser, pour s'y remuer. La montagne, en partie domptée, terrifie moins ; on y multiplie les courses, et on les raconte en français simple, sans déclamer. Désormais, les écrits pyrénéistes — nous l'avons déjà vu par le prince de la Moskowa — auront (sauf exception) un caractère de libre allure, de vérité nette, de plaisir sincère ; ils seront aisés, exacts, faciles.

Pour les montagnes, pour les stations thermales, comme pour tout, il est des modes. Au temps jadis, sous Marguerite, ce fut le moment de Cauterets. Nous avons vu, aux dernières années de l'ancien régime, le Barèges du cardinal de Rohan, de Ramond, Dusaulx et Saint-Amans avoir son heure ; alors Cauterets est morne et peu engageant : l'eau sulfu-

reuse « fétide et brûlante, dont la vapeur étouffe et empeste »,
dit une relation inédite de Madame de Juilly, est amenée à
ciel ouvert dans des baignoires de bois, infectes ; on croit se
baigner dans des cercueils, aussi ne se baigne-t-on que si
l'on est réduit à cette nécessité sous peine de la vie. Mais
pour un demi-siècle Bagnères, la brillante Bagnères règne
sans conteste, au premier rang des stations thermales
européennes. Puis vient son tour de pâlir, pendant que
Cauterets remonte (Barère, en 1839, lui assigne par an deux
mille clients) et que Luchon prend une prépondérance sans
conteste, faisant des saisons de six mille visiteurs.

Est-il nécessaire d'expliquer les causes de la longue
hégémonie de Luchon ? Situation merveilleuse, accès facile,
eaux puissantes ; nombre, beauté, variété, gradation des
courses, en voiture, à cheval, — à cheval surtout, les
cavalcades ! — à pied ; depuis la promenade plane du
rhumatisant jusqu'aux grandes courses de sommets ; voisinage prestigieux de la Maladetta....— Luchon, décidément, a
eu la fortune de rencontrer deux administrateurs de premier
ordre, lesquels n'étaient point luchonnais. Le premier est
Dieu, qui, le plaçant dans une position incomparable, fit
presque tout, et lui envoya ensuite un demi-dieu, un
parisien, l'intendant d'Etigny, qui fit le reste....

Les *guides* sur la région luchonnaise vont se multiplier.
Il y en aura de toute qualité et notamment du genre
impossible !

*Histoire spéciale et pittoresque de Bagnères de Luchon...
avec un itinéraire à l'usage des baigneurs*, par H. Castillon
(d'Aspet), Saint-Gaudens, Tajan, et Toulouse, Delboy, 1842,
in-8 de 298 pages ; carte.

La division du livre est originale : *Faits historiques* et
Faits dramatiques. On devine que la première partie est
un historique de Luchon (suivi d'un trop petit nombre

d'indications pratiques sur les bains et les courses). L'idée
d'une partie « dramatique » est singulière ; elle provient
évidemment de cette conviction qu'il ne faut pas laisser les
étrangers s'ennuyer ; alors on leur raconte des histoires : *le
Contrebandier du port de Vénasque* ; *les Bains de Luchon
en 1642* ; *les Aventures d'une danseuse* ; *la Fille du
douanier, ou la Vallée d'Asto* ; *la Vengeance du sire de
Guran, scène féodale* ; *le Château de Montespan* ; *un
Mariage à Saint-Gaudens*, etc.

Castillon connaît « l'état d'âme » du grand public, qui
ne fait qu'effleurer la montagne et la veut assaisonnée
d'anecdotes.

*Historique de Bagnères-de-Luchon, contenant des
détails très-circonstanciés sur les bains, les plaisirs qu'on
y rencontre, ses environs, et en général sur tout ce que
les Pyrénées de la Haute-Garonne renferment d'intéressant, par J. F. Hureau-Bachevillier*. Paris, Pourrat,
(imprimerie Tajan, Saint-Gaudens) 1842, 2 vol. in-8.

Deux volumes, huit cent soixante-huit pages sur Luchon
par un être indéfinissable et bizarre, qui parle de tout sans
être allé nulle part, et fait du Jubinal maladroit, sans gaité !

A quel monde appartient Hureau-Bachevillier ? Il nous
raconte naïvement qu'il est arrivé dans la rotonde de la
diligence, qu'il est logé pour trente sous sur la cour, qu'il
est ébloui du luxe de Luchon, qu'il s'ennuyait seul, mais
qu'il a trouvé à « faire un ami » (*sic*) au joli café de
l'Union « où l'on a le plaisir inappréciable de voir une très
jolie et belle femme, demoiselle du maître de l'établissement, ce qui y attire la foule ». Sur ce, commencent les
courses fictives. Mais Hureau a deux éléments : il connaît
certainement la relation de Cordier, et surtout il a lu *Don
Quichotte*. Il invente partout des coups de théâtre : des ren-
contres d'Amandas espagnoles, femmes d'Alonzos, enlevées

par des Horaces fashionables ; des Julies éplorées, quittées
par des Adolphes perfides avec lesquels il les réconcilie en
montant au Bosquet ; des Madames Darcourt et des Madames
d'Etieuil se retrouvant sous des noms supposés à « l'hôtel »
du lac d'Oo. Surtout il affectionne « l'hôtellerie » (l'hospice) ;
il invente d'abondance un séjour extraordinaire qu'il y fait
avec les imaginaires Monsieur et surtout Madame Darcourt,
laquelle lui explique le mode de reproduction des végétaux,
et toute une société qui monte au port de Vénasque, *bravant
tous les dangers* ; en *trois heures* on est au *pic de la
Fraîche à 1.052 mètres*, et aux quatre lacs ; de là il faut
*trois heures, en se cramponnant sur les glaces, neiges,
rochers*, pour atteindre *le plus haut pic, le pic ou port de
Vénasque*, d'où l'on voit *les pics Toro-d'Albo, Malivierno,
Barrau, Piqua et Forcanada... !*

Hureau, devenu Monsieur de Crac, ne s'arrête plus :

De retour à l'hospice, il voudrait faire une incursion en
Espagne : il est trop tard pour y penser. Mais on entame
l'ascension de la Maladetta que l'on fait en quatre jours,
Madame Darcourt toujours très loin en avant, très vail-
lante. On couche au plan des Étangs. Hureau, qui a lu
dans Cordier : « il faut une heure pour arriver au granit »,
répète : *On monte dans une gorge nommée Granit*. On
arrive sur le faîte de l'arête du pic de Netto, crête si étroite
qu'on n'y peut tenir deux de front ; on y couche, sans feu.
Le lendemain on se lève tard (*sic*), on se dirige sur le pied
du pic de la Maladetta : quand on est arrivé au sommet
accessible il faut penser à descendre malgré la fatigue qu'on
peut éprouver ; il ne faut pas descendre en marchant, mais
se laisser glisser sur le derrière (*sic*). On recouche au plan
des Étangs. Enfin on rentre à l'hospice de France, d'où
tout aussitôt, en deux heures, Hureau mène Madame
Darcourt, par un très beau chemin, cueillir des fleurs au
Trou du Toro et rentre pour dîner...

Ce tissu d'insanités plates, cette caricature du genre
« impressions de voyage » n'est pas un obscur opuscule de
province, mais un ouvrage développé, édité à Paris par
Pourrat, l'éditeur de Chateaubriand !

Avec le *Guide-Manuel du Touriste et du Baigneur à
Bagnères de Luchon* par E. Pâris (Paris, imp. Delanchy,
1842, in-12 de 104 pages, carte) nous rentrons dans le
sérieux. C'est un petit vade-mecum honnête et suffisamment
renseigné. Notons que la vallée du Lys y est nommée de
son vrai nom : vallée des Lids (des avalanches).

II.

NÉRÉE BOUBÉE.

*Bains et Courses de Luchon, vrai guide pour les courses
et promenades, par Nérée Boubée*, Pau, Vignancour ;
Toulouse, Lebon ; Paris, Dauvin et Fontaine (imprimerie
Vignancour à Pau, 1842) in-12 de 372 pages.

Petit livre longtemps populaire et qui a la qualité indispensable pour l'être : il n'est pas montagnard ! Nérée Boubée,
géologue toulousain (1806-1863), et bon préparateur
d'histoire naturelle, qui avait sondé le lac d'Oo et venait de
publier un *Itinéraire de la grande tournée des Bains* (Pau
à Luchon) est une figure primordiale d'adorateur candide de
Luchon. Cicerone attentionné, empressé, prévenant, il se
donne la peine d'apprendre aux étrangers comment il faut
boire l'eau minérale, combien de verres, à quelle heure ;
comment on fait pour savoir s'il se trouve à Luchon des
personnes de connaissance ; en quelle tenue se font les
visites ; quelles toilettes il faut faire : le matin, le négligé ;
l'après-midi la demi-toilette ; pour les courses à cheval, la
ceinture rouge, la veste de velours, le feutre rond, les gants

serin, le fouet de postillon : ainsi sont les « lions » de Paris ;
il enseigne aux hommes de quel ton il faut parler aux
guides pour gagner leur cœur et se faire confier leurs
secrets de famille les plus intimes ; il fait un cours d'équitation complet, apprend aux dames à monter, se placer,
tenir les rênes, presser la fourche « du gras de la jambe »,
aller au pas, trotter, galoper, garder la prudence dans les
descentes. Ne sourions pas, ce point est vital : la cavalcade
est l'essence même de Luchon. Il fallait improviser des
cavaliers et des amazones capables, au bout de huit jours,
des plus fortes courses.

Les courses de Luchon allaient battre leur plein. Boubée,
en se forçant, arrive à en indiquer cinquante-quatre, et
encore, les pics exclus. Car Nérée n'est rien moins qu'homme
de sommets !

Boubée créait des combinaisons de courses : les *cascades
illustres*, dans la région du Lys ; il s'était avisé de numéroter
toutes les cascades et apparences de cascades, et de les
dédier à des savants et médecins pyrénéistes : cascades
Viguerie, Barié, Richard, Palassou, Dietrich, Latour,
Dieulafoy, Dralet, Moquin-Tandon, La Peyrouse, Ramond
(rapprochement des deux savants ennemis par les cascades
réconciliatrices !), d'Etigny, Reboul, Cordier, Charpentier,
Boileau (le pharmacien-maire), Ducassé, Azémar, Fontanges,
Solage, François (ingénieur des mines), Fontan, — plus, les
cascades d'Enfer et de Cœur. Jamais Luchon n'eut tant
de cascades ! Mais Boubée n'est pas allé jusqu'à l'idée de
leur apposer des plaques commémoratives.

Boubée est resté légendaire par ses recommandations,
et leur style.

Pour l'Allée des Soupirs, un des faubourgs de Luchon :
*« Le soir elle est très obscure... N'y venez pas, ma jeune
amie, vous qui craignez encore les dents du loup, les
griffes du renard, ou la morsure d'un doux entretien ! ».*

Pour le lac d'Oo, *obtenir un temps couvert ;* ne pas prendre lunette, fusil, crampons, mais un schall ou un manteau. Si le besoin de manger n'est pas trop vif, faire d'abord la traversée du lac : il est indispensable d'aller au pied de la cascade, « vous le devez comme une réparation de l'outrage commis envers elle lorsque vous l'avez jugée de loin moins volumineuse qu'elle n'est ».

Pour la vallée du Lys, cette idée insolite : CHOISIR UN JOUR BRUMEUX, qui suffit : *on ne verra pas les glaciers de Cra-bioules, mais on les reverra dans quelque autre course.. !*

Légendaire aussi, le prudent Nérée, par un système à lui, qui consiste à pousser en retenant, et analogue au sabre de M. Prudhomme : il vante les courses, mais il les déconseille. Il ménage les clients de Luchon, il a peur de les casser.

Le port d'Oo ? Course « magnifique ». Mais si vous n'êtes naturaliste ou chasseur, toute autre course vous procurera plus de plaisir.

Les « quinze lacs », Oo, porte d'Enfer, Gours-Blancs ? Voyage « des plus pénibles et des plus dangereux » recommandé avec le vieux Lafont pour guide, « mais qui, *j'espère,* ne sera tenté que bien rarement ». (Il faut soupçonner cette course des quinze lacs — ne pas confondre avec celle de Lézat — d'avoir été, à cette époque, simplement théorique, pour faire bon effet sur le papier).

Seul les pics Nérés, à la très belle vue, trouvent grâce devant Nérée Boubée : il les affectionne spécialement, comme ses homonymes ; il veut même que le nom de la chaîne soit venu d'eux : *Pics Nérés, Pis Nérés, Pyrénées.* Mais il n'entend pas les aborder, et se contente de les regarder de loin, du Monségut, en faisant raisonner l'écho de Néré. « Pour les bien connaître il faudrait pénétrer au milieu de ce désert... Loin de vous, marcheur inhabile, une telle pensée ! *le groupe des pics Nérés est le plus difficile et le plus dangereux des massifs de la haute chaîne... »* Pauvres pics Nérés !

Et toute une génération a vécu de cette littérature !

Le port de Vénasque ? Il vous le permet, certes, et vous choisit un beau temps, et prend garde que votre déjeuner puisse paisiblement s'achever devant le magnifique spectacle des Monts-Maudits ; toujours aux petits soins, il vous invite même à faire des glaces pour les dames en mettant dans un verre de la neige, du sucre et un peu de rhum ; il va jusqu'à vous passer de continuer sur Vénasque. Mais si l'on vous propose de descendre au Trou du Toro, il ne vous y engage pas : « il n'y a rien là qui puisse satisfaire assez votre curiosité pour vous dédommager de deux heures et demie de temps, ou plus ». (!) Peut-être admettra-t-il le val et le joli petit lac de Paderne, mais s'il indique d'après Cordier la course de la mer de glace et de l'arête accessible de la Maladetta (course abandonnée depuis Barrau, d'ailleurs), c'est bien pour que vous ne la fassiez pas. Nérée Boubée tient trop à la vie des baigneurs qui honorent Luchon de leur confiance pour la risquer dans cet enfer : « *les grands glaciers sont si rares dans les Pyrénées que nos montagnards n'ont jamais besoin de les parcourir : aussi n'ont-ils aucune habitude, aucune connaissance des moyens qui permettent d'affronter les glaces en toute sécurité* ». (Nous en sommes encore là au commencement de 1842).

« Quant au Pic-de-Nétou de la Maladetta, nul pied humain n'a pu fouler encore ce sauvage rocher, proclamé le mont-roi de la chaîne. L'est-il en réalité ? Il suffirait d'être un instant sur le Pic-de-Nétou pour trancher la question. *A bientôt, si Dieu nous prête la vie, car il y a un moyen ; je n'admets pas le mot impossible ... et quelle vue on embrasserait du véritable sommet des Pyrénées ...! »*

Tandis que Nérée Boubée parle ainsi, son vœu s'accomplit. Un *post-scriptum* ajouté pendant l'impression des *Bains et Courses* annonce que le sommet des Pyrénées vient d'être gravi.

III.

LA PREMIÈRE ASCENSION DU NÉTHOU.
LE LAC DE GREGONIO.

Le comte Albert de Franqueville, né en 1814 au château de Franqueville près Fécamp, fut un pyrénéiste enthousiaste.

Le goût de la botanique, à laquelle il a consacré presque entièrement sa vie, avait décidé sa passion pour les Pyrénées : il les parcourut également comme chasseur d'isards, devenant ainsi montagnard expérimenté.

L'idée du Néthou le hantait.

« D'intrépides chasseurs, qui avaient été relancer les bouquetins et les isards jusque dans les vallons les plus retirés de la Maladetta », promettaient de le conduire par des sentiers connus d'eux seuls.

Une circonstance le pressa pour l'exécution. Un jeune officier russe, Platon (?) de Tchihatcheff, arriva de Luz avec un guide pour tenter l'ascension, et s'adressa précisément au guide arrêté par le comte de Franqueville. Prévenu, et enchanté du hasard qui lui procurait un tel compagnon de voyage, Franqueville offrit à Tchihatcheff l'expédition commune, qui fut résolue.

Le *Voyage à la Maladetta, par Albert de Franqueville*, Paris, Maison, éditeur du guide en France de Richard, 1845, plaquette in-16 de 108 pages (des plus rares aujourd'hui), est un des écrits les plus essentiels et des plus glorieux du pyrénéisme. C'est le pendant du voyage au sommet du Mont-Perdu de Ramond. L'allure est belle, le style simple, l'exactitude évidente.

Le 18 juillet 1842, les deux ascensionnistes partirent de Luchon avec quatre guides — Jean Argarot, Pierre Redonnet dit *Nate*, Bernard Ursule, luchonnais (ces deux derniers, chasseurs d'isards, et réputés les plus intrépides montagnards), et Sanio, de Luz, amené par Tchihatcheff — et allèrent bivouaquer à la Rencluse.

Le soir, orage magnifique, qui vient dans le récit de Franqueville avec la même ampleur que celui de Rossini dans l'ouverture de *Guillaume Tell*. « Le moment qui précéda celui où l'orage éclata avec toute sa force fut singulièrement majestueux : le vent se calma entièrement, la flamme de notre foyer s'éleva perpendiculairement vers le ciel, le tonnerre cessa pour un instant de gronder ; le bruit du torrent, les craquements du glacier, qui, disaient les guides, étaient la voix de la montagne qui se plaignait, interrompaient seuls ce solennel silence ; on eût dit que la nature recueillait toutes ses forces pour cette scène sublime... Une violente rafale passa en rugissant au-dessus de la montagne ; des nuées plus épaisses, plus sombres, se précipitèrent en roulant les unes sur les autres... les éclairs brillaient au milieu de ce chaos, le tonnerre grondait avec violence ; ses détonations, répercutées par les rochers de la Maladetta, faisaient un fracas assourdissant ; tantôt il roulait majestueusement, tantôt il éclatait comme si la voûte du ciel se fût déchirée... Le ciel était en feu, chaque éclair dissipait pour un moment l'obscurité et dévoilait le plus magnifique panorama : les glaciers étincelaient, les torrents semblaient rouler des flammes, les montagnes dessinaient leurs cimes sur les noires vapeurs... les pins qui croissaient autour de nous agitaient leurs rameaux chargés de longs lichens pendants...

» Peu à peu le calme se rétablit dans la nature, les étoiles reparurent, et sans le bruit extraordinaire du torrent grossi par l'orage, tout ce qui venait de se passer eût pu nous paraître un songe ».

Au point du jour, on tint conseil sur la route à suivre. Franqueville et Tchihatcheff sollicitèrent en vain une tentative directe par le glacier ; les guides eussent peut-être consenti, les chasseurs d'isards ne purent jamais s'y décider !

Alors on opta pour un chemin extraordinaire : on tourna le dos au but, pour aller prendre le pic à revers par le Sud, selon la prédiction du mémoire de Reboul. Heureuse complication, qui allait faire faire aux excursionnistes une des plus grandioses courses pyrénéennes.

Partis vers l'Ouest pour contourner les Monts-Maudits en spirale — non pas par le val de Paderne, mais plus extérieurement encore — Tchihatcheff et Franqueville vont passer la brèche d'Albe, et découvrent sous eux les eaux calmes et bleues du lac d'Albe à 2.212 mètres, dans une position des plus sauvages. « Impossible de se figurer quelque chose de plus triste et de plus désolé que l'aspect qu'offrent ces débris de montagne. Nulle trace de végétation ne vient reposer la vue fatiguée de tant d'horreurs. »

Traversée de chaos pénibles, puis d'une autre arête. Alors les premiers (les premiers *touristes*, car avant eux étaient venus les chasseurs d'isards), et ceci en intérêt égale bien un pic, Franqueville et Tchihatcheff pénètrent dans cet énorme repli intérieur de la Maladetta, qui est comme l'âme des Monts-Maudits, dans cette horrible — ou merveilleuse — région de ruines où dort le lac de Gregonio, un des plus grands des Pyrénées, « en forme de croissant fort allongé, entouré au Sud et à l'Ouest d'un amas de rochers gisant pêle-mêle les uns sur les autres, tandis qu'à l'Est et au Nord des pentes neigeuses extrêmement rapides viennent mourir dans ses eaux ». Il était presque entièrement gelé.

Ils le longent, en s'élevant insensiblement, et sans enthousiasme (*la poésie de la désolation* n'était pas encore de mise) sur le chaos de granit qui s'étend au Sud, et gagnant une crête très accidentée et très abrupte, (Sud de l'Estatats) la franchissent « par une toute petite ouverture que les montagnards décorent du nom de port de Malibierne » (*sic*). Un couloir difficile, puis une heure de descente sur des pentes de neige les amènent dans le fond de la vallée de Malibierne, où ils passent la seconde nuit. Pour gîte, une cabane à porcs, dont on expulsa les locataires ; on y fut enfumé d'abord, et on faillit y être grillé : elle prit feu au milieu de la nuit par les tourbes du toit.

Le lendemain est le grand jour, il faut vaincre absolument. « Nous voulons attaquer le pic sous toutes ses faces, si nous n'arrivons pas au sommet, c'est qu'il sera vraiment inaccessible. » Ceci est parler !

Deux heures de montée (dans le val d'Erioueil) les mettent au lac de Coroné (au véritable lac de ce nom, sur le versant Sud des Monts-Maudits), site admirable, entre les pics de Néthou et de « Malibierne » (lisez : pic du Milieu) et la redoutable crête, coupée de trois échancrures dont une communiquant avec Gregonio, les deux autres avec le versant Nord. Le temps se couvre un peu. Inquiétudes.

On attaque le glacier ; on délibère sur laquelle des deux brèches visibles on se dirigera, on se trouve heureusement choisir la bonne, on reprend l'ascension, et après plus de deux heures, franchissant la rimaye, on est à l'échancrure (col de Coroné).

C'était là, dit Franqueville, *le nec plus ultrà de tous ceux qui nous avaient précédés.* Les traditions étaient si peu exactes qu'on appliquait au Néthou les tentatives faites sur la Maladetta, de sorte que Tchihatcheff et Franqueville ne se doutent pas que ce sont eux-mêmes qui font sur le Néthou la première tentative sérieuse et qu'ils ont la primeur du col de Coroné ! Ils croyaient à Arbanère. Ils ne peuvent s'expliquer que les hardis explorateurs n'aient pas continué et atteint aisément un but qui, de là, est si près !

Au col de Coroné, vent terrible, et nuages. Dans le glacier du Néthou, un enfoncement rempli d'eau (le lac Coroné ou lac Couronné d'aujourd'hui). Arrivés à la base du pic, brouillard. Les guides veulent essayer le glacier, les chasseurs tiennent pour le rocher. Ils s'accordent à partir d'abord en reconnaissance sur le rocher et disparaissent dans le brouillard. Bientôt ils reviennent annonçant que cette voie est impraticable, mais que les nuages n'atteignent pas le sommet du pic.

« Nous nous dirigeâmes vers le glacier qui était notre dernière espérance ». Tentative suprême ! On s'attache. Le glacier se trouve excellent. Tchihatcheff a le mal de montagne, et de temps en temps, se couche dans la neige. Enfin les courageux ascensionnistes se croient au sommet, lorsqu'ils doivent s'arrêter, frappés de stupéfaction à l'aspect du passage qui reste à franchir pour y arriver. « *Nous sommes séparés du pic de Néthou par une arête extrêmement aiguë ; à droite, un abîme au fond duquel se déroule le glacier de Coroné et les eaux noirâtres de son lac ; à gauche, à une profondeur un peu moins grande, la partie orientale du Néthou s'abaisse par une pente des plus rapides. Pour comble de difficultés, le sommet de cette arête est encombré de fragments de granit désagrégés par la gelée ou disloqués par les coups de foudre, et très dangereux à cause de leur peu de stabilité. Ce pont de Mahomet est pourtant la seule voie qui s'offre à nous pour arriver au but après lequel nous courons depuis si longtemps. Nous hésitâmes un instant... *»

Ainsi fut nommé, de son nom célèbre, ce fameux passage du *Pont de Mahomet*, qui a tant contribué au prestige du Néthou !

« Nos chasseurs s'avançaient aussi fermes que s'ils

eussent été sur une grande route », arrangeant la voie, précipitant à l'abîme les quartiers de rocs peu solides. » En quelques secondes le dangereux passage est franchi. Franqueville et Tchihatcheff posent le pied sur le pic vierge !

« La joie des guides n'était pas moins grande que la nôtre. La fierté du brave Jean, notre guide-chef, était tout à fait risible. Il se regardait vraiment comme le Christophe Colomb de la Maladetta.... »

Après quelques moments donnés à la satisfaction du triomphe, on commença l'examen du pic : plate-forme d'une trentaine de mètres de long sur six à huit de large. « De tous côtés, sauf la rampe par laquelle nous étions arrivés, s'ouvrent d'effroyables précipices. A l'Ouest (versant Sud) le glacier de Coroné développe jusqu'au lac son tapis éblouissant. Au Sud se creusent sous nos pieds la gorge sauvage de Malibierne et ses profonds escarpements. Au Nord et à l'Est s'étend le glacier du Néthou presque partout couvert de neige et ne montrant qu'en quelques endroits son dos bleuâtre et fendillé. La partie supérieure est fort peu rapide, mais un peu plus bas il se recourbe en forme de dôme, et son inclinaison devient alors excessive. Cet endroit est sillonné de profondes crevasses. Quelques-unes sont de véritables abîmes. »

Le brouillard s'était dissipé, assure Franqueville, et pendant une heure les vainqueurs du Néthou « purent jouir sans obstacle de la magnificence de l'horizon », qui au premier coup d'œil n'est qu'un « immense chaos ». Les guides construisirent une pyramide » (20 juillet 1842).

Pour redescendre, nouvelle délibération. Excités par le succès, les guides veulent revenir à la Rencluse directement, en traversant le glacier, « route la meilleure et la plus naturelle », et qui bientôt allait être démontrée la moins périlleuse. Les chasseurs refusent absolument.

Redescendus au lac Coroné (le vrai) où on aperçoit quatre superbes bouquetins, on tourne à l'Ouest, et l'on passe du bassin de Coroné dans celui de Gregonio par une brèche (aujourd'hui col de Gregonio) à la base du pic de « Malibierne » (au Sud du pic du Milieu, au Nord de l'Erioueil : l'erreur sur le nom de Malibierne est la seule de Franqueville). Nombreux isards. On contourne le lac de Gregonio par le Nord, sur des talus de neige glacée très inclinés (qui aboutissent à une falaise, qui tombe au lac !) traversée redoutable ; on ne s'y hasarde qu'avec les plus grandes précautions et en regrettant cette fois de n'avoir pas pris le glacier Nord du Néthou : « la vue du lac à demi dégelé, à une profondeur effrayante, tenait lieu des meilleurs conseils de prudence ». Les guides faisaient la trace.

Ce long mauvais pas franchi, on va passer la crête de la Maladetta (entre les pics de la Maladetta et d'Albe) et on se retrouve sur le versant Nord. La descente n'est plus qu'un jeu. Une glissade amène en quelques minutes au point le plus bas du glacier de la Maladetta, alors en période d'extension. Ramond l'avait faite, cette même glissade, mais en vaincu ! Franqueville et Tchihatcheff, à leur tour, reconnaissent la caverne de glace d'où sort l'Essera naissante. Eux aussi sont charmés par le petit bassin du lac de Paderne, repos de l'œil et de l'âme — et du corps — après la longue désolation du granit, et que Ramond avait noté comme un asile pour misanthropes. « Les rochers s'écartent, des bosquets de pins se groupent çà et là au milieu d'épais buissons de rhododendrons et de daphnés. Jamais changement à vue plus rapide et plus complet n'est venu surprendre et charmer les regards. Nous étions il y a quelques minutes au milieu des sites les plus austères et les plus sauvages, et nous nous trouvons tout à coup au milieu d'un vallon délicieux. Sans l'aspect de la végétation alpine qui nous environne, nous pourrions croire que, d'un coup de sa baguette enchantée, un magicien nous a transportés en un instant du fond d'une des gorges les plus affreuses au sein du plus gracieux des bocages ». Suivant le cours du « joli ruisseau » jusqu'au gouffre de Tourmon, ils revirent « avec grand plaisir » leur gîte de la Rencluse. Tchihatcheff se plongea dans le torrent. La nuit on reçut un orage.

Le quatrième jour 21 juillet, ils passèrent au Trou du Toro, et par le port de la Picade, rentrèrent triomphants à Luchon.

IV.

SECONDE ASCENSION DU NÉTHOU. — LE GLACIER.

Immédiatement, enflammés par la victoire, ils voulurent remonter au Néthou pour des observations scientifiques. Prenant pour les préparatifs la journée du 22, ils repartirent le 23, avec M. Laurent, professeur de chimie à Bordeaux, et les mêmes guides, et allèrent coucher à la Rencluse, toujours avec un orage.

Le lendemain matin il y eut encore « une consultation » sur la route à suivre. Mais cette fois le charme était rompu : le spectre de Barrau cessait de planer sur les glaciers de la Maladetta vaincue. Les guides, étonnés du peu d'obstacles qu'avait présentés la partie supérieure du glacier du Néthou, se laissèrent déterminer à couper au plus court.

Le sort désigna Franqueville pour rester à la Rencluse et y faire les observations barométriques. Tchihatcheff et Laurent montèrent au pic. (Si l'on se rappelle que le vainqueur du pic de la Maladetta, Parrot, était au service de la Russie, les Monts-Maudits sont décidément franco-russes.) Franqueville ne donne pas de détails sur cette ascension qu'il n'a pas faite, il dit en deux lignes : « Nulle difficulté

sérieuse ne se présenta à vaincre. Six heures d'une marche
peu fatigante suffirent » (24 juillet 1842). Le monstre était
dompté, plus que dompté ! La terrifiante montagne tombait
même d'un coup à la condition de pic relativement facile.

On rentra à Luchon le lendemain. L'expédition avait été
de trois jours.

En tout huit jours pour cette magnifique campagne du
Néthou, digne de vrais montagnards, digne de savants (car
dans de tels cas les ascensionnistes, explorateurs de régions
inconnues, rendent des services directs à la géographie).
Mais le Sud des Monts-Maudits était alors quelque chose de
si mystérieux, de si inconnu, de si insoupçonné, que
personne de longtemps ne comprit bien l'itinéraire de la
première ascension : on le cita de confiance, et de travers ;
Gregonio-Malibierne-Erioueil retombèrent dans la nuit. On
ne saisit que le fait final, le sommet des Pyrénées conquis.
L'ascension du Néthou devint l'orgueil de Luchon, le
morceau à sensation par excellence. Le Mont-Perdu baissa.
Franqueville et Tchihatcheff furent prestigieux, culminants.

Deux ans après, 22 août 1844, troisième ascension. Par un
vrai montagnard encore, le toulousain Lézat, future illustration pyrénéiste, et M. Augère, de Muret, conduits par
Nate, Ursule et Estrujo. Cette fois, en deux jours : le premier,
à la Rencluse ; le second, au pic et retour à Luchon. Ce sera
le gabarit définitif de l'ascension. Il est fatigant, fait
toujours voir les mêmes choses à la même heure, et au galop,
mais on gagne du temps !

Après quoi, interruption de plusieurs années. La
Montagne Maudite inspire encore le respect. On se borne
à admirer que des hommes intrépides y soient allés.

Le comte Albert de Franqueville demeura toute sa vie

un pyrénéiste passionné : au point d'abandonner en 1851 à son frère son château en Normandie, pour acquérir près de Pau le château de Bizanos et s'y fixer ; de là il pouvait constamment avoir les Pyrénées sous les yeux.

Un Tchihatcheff aussi abandonna ses propriétés à son frère pour être plus libre de voyager. Mais ce n'est pas le Tchihatcheff du Néthou ! C'est l'autre, le géologue, l'explorateur de l'Altaï, le correspondant de l'Institut. Il eût été bien empêché de se trouver au Néthou le 20 juillet 1842 : il était au bord de l'One ! Pas l'One de Luchon et des thermes Onésiens, mais l'One de l'Altaï. Tchihatcheff ne descendait pas du lac d'Oo, mais du lac Karakol, à la frontière de Chine et de Sibérie. Et cependant le dessinateur auquel il demanda de reproduire la vue de ce lac fut le même que le dessinateur du lac d'Oo et des vues des Pyrénées : Cicéri.

AU MILIEU DU SIÈCLE

I.

AUX EAUX-BONNES. — ADOLPHE MOREAU.

Tandis que Luchon n'arrivait qu'à être le sujet de *guides* vieillots, les Eaux-Bonnes obtenaient du premier coup la perfection du livre d'établissements thermaux (nous passons sur une *Excursion dans les Pyrénées*, Nantes, imprimerie Mellinet, 1841, petit recueil de lettres, en 49 pages, entièrement sur les Eaux-Bonnes) :

Eaux-Bonnes et Eaux-Chaudes, bains et sources, itiné-raire de Pau à ces établissements, par un touriste. Experto crede Roberto. Pau, Vignancour, juin 1841, in-12, de 304 pages. Et mieux :

Itinéraire de Pau aux Eaux-Bonnes et aux Eaux-Chaudes, par un touriste ; séjour et excursions. Deuxième édition, revue et augmentée. Experto crede Roberto. Pau, Vignancour, mai 1844, in-8 de 500 pages : figures hors texte, de Laroche, Beaume, gravées par Louis Marvy (qui a eu une réputation pour les vernis mous), Buzelot ; l'une de ces eaux-fortes (*Castel-Gélos, vallée d'Ossau*) est signée *Laroche del., C. Daubigny sculp. :* celle-ci jusqu'à présent

est non décrite dans les catalogues de l'œuvre gravé
de Daubigny.

Livre jeune, et qui le restéra toujours : il n'a pas une ride.
Livre d'un homme qui a de l'esprit naturel et le don de
rester alerte et amusant dans les détails les plus ordinaires :
c'est Adolphe Moreau, agent de change à Paris, collectionneur d'objets d'art, et le principal créateur de la
promenade horizontale des Eaux-Bonnes.

On ne saurait plus agréablement qu'avec lui arriver à
Pau, descendre à l'hôtel de France chez Gardères, ou à
l'hôtel de l'Europe chez Viguié ; monter dans une « vinai-
grette », visiter la ville, le château, les deux maisons de la
rue du Tran dans chacune desquelles naquit Bernadotte
(comme ces gascons font tout avec surabondance !), l'imprimerie Vignancour où paraissaient alors quelques numéros
d'un *Album Pyrénéen* (publication bientôt interrompue),
les jardins de M. de Rippert ; louer une voiture pour
trente francs, ou prendre pour sept francs une impériale
de diligence, traverser Gan, Rébénac, Sévignac, Louvie,
pénétrer au cœur de la vallée d'Ossau ; séjourner aux Eaux-
Bonnes ou aux Eaux-Chaudes, choisir un hôtel et un médecin,
s'abonner moyennant six francs pour la saison au salon
Taverne, donner un coup d'œil aux boutiques, aux tailleurs,
au tir Labeille, aux sorciers, aux devins, aux montreurs
d'ours; parcourir le Jardin Anglais, les promenades Gramont,
Jacqueminot, du Kiosque, Eynard, du belvéder Fanny, celle
de la Montagne Verte, créée en 1842, et la fameuse promenade horizontale, exécutée en quarante jours par les soins
de MM. de Kergorlay, de Ville, Moreau et Dulong de
Rosnay, et ouverte en 1843 ; — se restaurer d'une bonne
garbure; — donner aux dames le spectacle des jeux,
exercices et danses de la montagne par les jeunes ossalois en
grande tenue, tout en se tenant en garde contre le trafic

si scandaleusement lucratif que Messieurs les guides, Esterle
en tête, se sont avisés de faire en vous montant sans
vergogne, comme impresarii et malins quêteurs, le « coup
de la souscription pour les jeux. » — Dès 1844, les montagnards étaient devenus très *modernes*, à Bonnes !

Pour les courses en montagne, Moreau n'en est guère.

Passer des Eaux-Bonnes à Cauterets par le col de Tortes, à
cheval, est un projet *insensé*, douze heures de cheval ! c'est
trop, la constitution la plus forte doit en éprouver une
funeste atteinte (l'auteur s'adresse aux malades en traitement
aux Eaux-Bonnes) ; c'est une belle course pour quelques
intrépides amazones, pour les « baigneurs qui n'ont pas
besoin des eaux ; d'ailleurs « vingt descriptions de ces
lieux ont été publiées. »

Le pic de Ger, qui autrefois semblait hérissé de dangers,
a depuis deux ans environ perdu beaucoup de son prestige.
On y monte en société, on en revient frais et dispos : « tant
il est vrai que nous sommes tous en ce monde de vrais
moutons, qui sautons quand et où un autre a sauté avant
nous ». Une manière plus neuve de faire le pic de Ger est
maintenant d'y monter la nuit (relation intéressante et gaie,
de Javary, professeur au collège de Libourne, extrait de
l'*Album Pyrénéen* d'août 1841).

Le Pic du Midi d'Ossau est toujours la grande affaire,
mais combien moins grande déjà ! Dans l'*Album Pyrénéen*
de 1840, Gaston Sacaze décrivait encore de façon peu
engageante les fameuses *cheminées*. Mais voici l'ascension
du duc de Montpensier, âgé de dix-neuf ans, en 1843 : type
d'ascension officielle ; Moreau nous en donne un très vivant
récit. Départ de Bonnes à cheval. Dix guides, dont Esterle.
Entre l'avant-garde et le corps d'armée, Sacaze, monté sur
un cheval noir à tous crins, sans étriers, comme un cavalier
numide. Le prince. Le lieutenant-général Janin, commandant

la division. Le préfet. Des conseillers de préfecture. Douze baigneurs et touristes. Aux cheminées, Son Altesse grimpe ; le général, dans son ardent dévouement, grimpe ; le préfet grimpe ; les conseillers de préfecture grimpent : l'un d'eux, Loyson, ne songeant qu'au prince, et comme lié à lui, posait le pied où il venait de le poser, prêt à le retenir sur l'abîme ; l'auditeur au Conseil d'État Missiessy, et son frère l'enseigne de vaisseau, grimpent, les baigneurs grimpent, Moreau lui-même dit avoir grimpé. En bon courtisan, le pic qui fut si dur aux géodésiens se montre ce jour-ci d'humeur complaisante, et le soleil frappe dur. En haut, repos délicieux, champagne, noms dans une bouteille, on crie *Vive la France!* Gaston Sacaze chante le *La haout sus las mountagnes* de Despourrins, et *Qu'in t'en ba laülhade*, les amours du prince. Au pied du pic, excellent déjeuner offert par Son Altesse Royale. Bientôt, à cheval : «Messieurs, qui m'aime me suive!» crie le prince ; et sur les généreux coursiers l'on revient à fond de train aux Eaux-Chaudes, où le duc de Montpensier met pied à terre, reçoit les félicitations du corps municipal, les bouquets des jolies montagnardes, visite aux flambeaux le nouvel établissement ; on rentre aux Eaux-Bonnes éclairées par les feux d'une éclatante illumination : le jeune prince invite à dîner tous ses compagnons d'ascension, et, sans que rien chez lui trahisse la fatigue, reçoit les baigneurs, touristes, étrangers qui ont désiré lui être présentés. « Il faut qu'il soit taillé dans le fer et dans l'acier ».

Nous voilà loin de Delfau ! Et il ne manque plus au pic d'Ossau apprivoisé que d'avoir des barreaux de fer dans ses cheminées. Il les aura. Revienne l'empire, et un préfet à poigne les lui fera poser.

L'aimable volume d'Adolphe Moreau se termine par l'indication de la belle course Eaux-Chaudes-Panticouse-Cauterets ; mais il s'abstient de décrire la route de Panticouse à Cauterets par le Marcadau, « pour ne pas aller sur les brisées de M. Boubée ».

Indiquons ici :

De la Loire aux Pyrénées, Lille, Lefort 1840, in-8 de 433 pages : lettres adressées à sa mère, en juillet 1829, par une infortunée jeune femme qui ne peut guère pratiquer la montagne, et, arrivée au pont d'Espagne, ne va pas au lac de Gaube, étant prise d'une hémoptysie !

Sketches among the Pyrenees, by the vicountess de Satgé-Saint-Jean, with a french translation by M. Emile Deschamps. Paris, Arthur Bertrand ; London, Bossange, et Leipsick, Michelsen, 1842, in-4° avec lithographies (insignifiantes).

L'Été du Parisien, dans le n° 12, d'avril 1843, du journal *l'Illustration*, alors nouveau-né. Gravures sur bois représentant les Eaux-Bonnes, Barèges, Bigorre, et l'établissement de Saint-Sauveur (indiqué par erreur comme étant celui de Luchon) ;

Les Pyrénées, par le baron Taylor, 1843, grand in-8. Le titre est trompeur ; il n'est nullement question de Pyrénées, mais exclusivement d'archéologie. C'est une suite à Millin ; mais tandis que Millin ne connaissait que l'antique, le baron Taylor ne s'occupe que du Moyen-Age. (Le baron Taylor avait donné deux articles sur les Pyrénées, sans intérêt, à la *France littéraire* de 1840.)

Les articles sur les Pyrénées, cités dans la neuvième édition des *Merveilles et Beautés de la nature en France* de Depping, 1845 (nous avons vu la première édition en 1811).

Thoughts on a view of the Pyrenees, stances. Pau, plaquette in-8 de dix pages.

II.

VICTOR HUGO DEVANT GAVARNIE.

Les œuvres de Victor Hugo comprennent un volume intitulé : *En voyage, Alpes et Pyrénées.* Non point livre voulu, mais recueil factice de lettres écrites de Suisse en 1839, et de notes et descriptions prises sur des pages d'album pendant un voyage aux Pyrénées fait en 1843.

Peu importe ! le titre est immense avec ses trois termes : Victor Hugo, Alpes, Pyrénées ! pour parler à la manière d'Hugo lui-même : triangle formidable ! Et deux cents pages sur les Pyrénées c'est assez pour que tout soit dit, si Victor Hugo a ascensionné (car, si grand qu'il soit, il subit la loi générale : s'il ne monte pas, il ne peut rien). Hugo à la Rhune, au pic du Midi, et au Canigou ; — au Mont-Perdu, à la brèche de Tuquerouye, dans la vallée d'Ordessa, au lac de Gregonio, au cirque d'Oo, ou simplement aux Oulettes de Gaube, en présence du Vignemale ! Hugo aux lacs glacés et dans les « enfers de granit », Hugo à la pointe des pics, entrant dans les nuages et conspirant avec la foudre ! Du contact de la Montagne et du Poète, « éléments énormes ! » vont jaillir quels éclairs ?...

Calmons-nous ! Il n'est point monté. Les chapitres de son voyage sont Bordeaux, Bayonne, puis Biarritz, le village de pêcheurs, déjà en voie de transformation, et ici Victor Hugo prophétise avec un amusant et inutile dépit, dans ces lignes curieuses à relire aujourd'hui :

« Somme toute, avec sa population cordiale, ses jolies maisons blanches, ses larges dunes, son sable fin, ses grottes énormes, sa mer superbe, Biarritz est un lieu admirable. *Je n'ai qu'une peur, c'est qu'il ne devienne à la mode. Déjà on y vient de Madrid, bientôt on y viendra de Paris.* On

lira la Gazette à Biarritz.... Le soir on ira au concert....
Alors Biarritz ne sera plus Biarritz.... Déjà quelques
symptômes semblent annoncer cette prochaine transformation. Il y a dix ans, on y venait de Bayonne en cacolet ; il y
a deux ans, on y venait en coucou ; maintenant, on y vient
en omnibus. On se baignait au port vieux. Aujourd'hui, on
se baigne au port nouveau. Il y avait à peine une auberge à
Biarritz ; aujourd'hui, il y a trois ou quatre « hôtels ». Ce n'est
pas que je blâme les omnibus, ni le port nouveau, ni les
« hôtels » ; mais je crains les autres perfectionnements
possibles et je voudrais que Biarritz restât Biarritz. *Jusqu'ici
tout est bien, mais demeurons-en là*... Du reste, l'omnibus
de Bayonne à Biarritz ne s'établit pas sans résistance. Le
coucou se débat contre l'omnibus, comme sans doute, il y a
dix ans, le cacolet a lutté contre le coucou. Tous les voituriers de Bayonne se révoltent contre deux selliers, Castex
et Anatole, qui ont imaginé les omnibus.... » (Quarante ans
après, la puissante corporation des voituriers de Biarritz se
révoltera contre le petit chemin de fer Bayonne-Anglet-
Biarritz et contre le tramway à vapeur ! Vaines résistances :
Hugo lui-même l'a dit : *ceci tuera cela*).

Puis Saint-Sébastien, le port de Pasages (curieux chapitre) ;
enfin, Pampelune.

Sur les Pyrénées mêmes, sur la montagne, deux pages
seulement. A défaut d'éclairs, il faut noter ces deux étincelles
de laboratoire, qui par induction permettent de reconstituer
ce qu'aurait été le ton du livre si....

Sur Cauterets (indépendamment d'une courte poésie
intitulée *A Cauterets*, parue beaucoup plus tard dans *Toute
la Lyre*) cette très belle lettre au peintre romantique Louis
Boulanger :
« Figurez-vous, Louis, que je me lève tous les jours à

quatre heures du matin, et qu'à cette heure sombre et claire tout à la fois je m'en vais dans la montagne. Je marche le long d'un torrent, je m'enfonce dans une gorge la plus sauvage qu'il y ait, et, sous prétexte de me tremper dans de l'eau chaude et de boire du soufre, j'ai tous les jours un spectacle nouveau, inattendu et merveilleux.

» Hier, la nuit avait été pluvieuse. L'air était froid, les sapins mouillés étaient plus noirs qu'à l'ordinaire. Les brumes montaient de toutes parts des ravins comme les fumées des fêlures d'un solfatare. Un bruit hideux et terrible sortait des ténèbres, en bas, dans le précipice, sous mes pieds ; c'était le cri de rage du torrent caché par le brouillard. Je ne sais quoi de vague, de surnaturel et d'impossible se mêlait à ce paysage ; tout était ténébreux et comme pensif autour de moi ; les spectres immenses des montagnes m'apparaissaient par les trous des nuées comme à travers des linceuls déchirés. Le crépuscule n'éclairait rien ; seulement, par une crevasse au-dessus de ma tête, j'apercevais au loin dans l'infini un coin du ciel bleu, pâle, glacé, lugubre et éclatant. Tout ce que je distinguais de la terre, rochers, forêts, prairies, glaciers, se mouvait pêle-mêle dans les vapeurs et semblait fuir, emporté par le vent à travers l'espace dans un gigantesque réseau de nuages...»

Maintenant, l'antithèse, le beau temps :

» Ce matin, la nuit avait été sereine. Le ciel était étoilé ; mais quel ciel et quelles étoiles ! vous savez, cette fraîcheur, cette grâce, cette transparence mélancolique et inexprimable du matin, les étoiles claires sur le ciel blanc, une voûte de cristal semée de diamants. A cette voûte lumineuse s'appuyaient de toutes parts les énormes montagnes, noires, velues, difformes. Celles de l'orient découpaient à leur sommet sur le plus vif de l'aube leurs sapins qui ressemblaient à ces feuilles dont les pucerons ne laissent que les fibres et

font une dentelle. Celles de l'occident, noires à leur base et
dans presque toute leur hauteur, avaient à leur cime une
clarté rose. Pas un nuage, pas une vapeur. Une vie obscure
et charmante animait le flanc ténébreux des montagnes ; on
y distinguait l'herbe, les fleurs, les pierres, les bruyères,
dans une sorte de fourmillement doux et joyeux. Le bruit
du gave n'avait plus rien d'horrible, et était un grand murmure mêlé à ce grand silence. Aucune pensée triste, aucune
anxiété ne sortait de cet ensemble plein d'harmonie. Toute
la vallée était comme une urne immense où le ciel, pendant
les heures sacrées de l'aube, versait la paix des sphères et le
rayonnement des constellations.

» Il me semble, mon ami, que ces choses-là sont plus que
du paysage. C'est la nature entrevue à de certains moments
mystérieux où tout semble rêver, j'ai presque dit penser; où
l'aube, le rocher, le nuage et le buisson vivent plus visiblement qu'à d'autres heures et semblent tressaillir du sourd
battement de la vie universelle.... »

Et sur Gavarnie, ce fragment, déjà autrement compliqué :

« Lorsqu'on a passé le pont des Darroucats et qu'on n'est
plus qu'à un quart d'heure de Gèdre, deux montagnes
s'écartent tout à coup et vous découvrent une chose inat-
tendue.

» Vous avez visité peut-être les Alpes, les Andes, les Cor-
dillères ; vous avez depuis quelques semaines les Pyrénées
sous les yeux ; quoi que vous ayez pu voir, ce que vous
apercevez maintenant ne ressemble à rien de ce que vous
avez rencontré ailleurs.

» Au milieu des courbes capricantes des montagnes hérissées d'angles obtus et d'angles aigus, apparaissent brusque-
ment des lignes droites, simples, calmes, horizontales et
verticales, parallèles ou se coupant en angles droits, et
combinées de telle sorte que de leur ensemble résulte la

figure éclatante, réelle, pénétrée d'azur et de soleil, d'un objet impossible et extraordinaire.

» Est-ce une montagne? Mais quelle montagne a jamais présenté ces surfaces rectilignes, ces plans réguliers, ces parallélismes rigoureux, ces symétries étranges, cet aspect géométrique?

» Est-ce une muraille? Voici des tours en effet qui la contre-butent et l'appuient, voici des créneaux, voilà les corniches, les architraves, les assises et les pierres que le regard distingue et pourrait presque compter, voilà deux brèches taillées à vif qui éveillent dans l'esprit des idées de siéges, de tranchées et d'assauts ; mais voilà aussi des neiges, de larges bandes de neige posées sur ces assises, sur ces créneaux, sur ces architraves et sur ces tours. Nous sommes au cœur de l'été et du midi ; ce sont donc des neiges éternelles. Or, quelle muraille, quelle architecture humaine s'est jamais élevée au niveau effrayant des neiges éternelles? Babel, l'effort du genre humain tout entier, s'est affaissée sur elle-même avant de l'avoir atteint.

» Qu'est-ce donc que cet objet inexplicable qui ne peut pas être une montagne et qui a la hauteur des montagnes, qui ne peut pas être une muraille et qui a la forme des murailles?

» C'est une montagne et une muraille tout à la fois ; c'est l'édifice le plus mystérieux du plus mystérieux des architectes ; c'est le colosseum de la nature : c'est Gavarnie....

» *C'est là une impression qui ne ressemble à aucune autre; si singulière et si puissante à la fois qu'elle efface tout le reste et qu'on devient,* pour quelques instants, même quand cette vision magique a disparu dans un tournant de chemin, *indifférent à tout ce qui n'est pas elle...*»

(C'est le mot fameux de Ramond : *une fois que le Marboré s'est saisi du spectateur, il n'y a plus que lui dans tout ce qui mène à lui.*)

Puis rien. Victor Hugo est venu aux Pyrénées, mais la place de poète des sommets reste à prendre....

Le voyage cependant, ne devait pas finir sans un coup de foudre ; il fut terrible et terrassa le poète. Au retour, après une excursion à l'île d'Oléron, Victor Hugo à Rochefort entra dans un café pour attendre le départ de la diligence, ses yeux tombèrent sur un journal. On le vit pâlir, porter la main à son cœur et s'enfuir comme un fou.

Le journal racontait la catastrophe de Villequier. Cinq jours avant, le 4 septembre 1843, sa fille Léopoldine, femme du jeune Charles Vacquerie, avait péri avec son mari dans une promenade sur la Seine...!

Victor Hugo ne revint plus aux Pyrénées (les inscriptions en vers qu'on lui attribue, sur des registres de la vallée du Lys ou autres, sont apocryphes).

Mais il lui avait suffi d'un coup d'œil sur Gavarnie pour être chargé d'électricité latente (le cirque-titan et le poète qui avait les tours de Notre-Dame pour H de son nom étaient faits l'un pour l'autre), électricité qui devait forcément se dégager un jour. Et voici le dégagement : ce n'est pas le « cycle pyrénéen » de la *Légende des Siècles*, où les Pyrénées restent à la cantonade ; ce n'est pas quelque généralité sublime sur les montagnes, comme la pièce *Danger des Sommets* (parue dans *Toute la Lyre*), dépeignant la terreur sacrée qu'inspirent les hautes régions, et commençant par cette recommandation faite pour intimider les philosophes, mais restée sans action sur les alpinistes :

> « O rêveur, ne va pas sur les cimes. *J'en viens.*
> C'est terrible.....
> Crains les ascensions vers les hauts sommets noirs.... »

Le *j'en viens* est d'une belle illusion ! Mais tout est permis aux poètes...

Le dégagement d'électricité, c'est une pièce sans titre du poème de *Dieu*, et qu'on pourrait intituler *la Goutte d'eau*.

On se rappelle la vision de Ramond sur la Maladetta : les
Pyrénées, sorties des eaux, remportées peu à peu au fond
des eaux par l'immense et constante érosion des agents
atmosphériques.

Le poème d'Hugo reprend cette vision et la pousse à
l'outrance. Voici d'abord les Pyrénées à l'état naissant, ou
plutôt ce qui n'est pas encore les Pyrénées : un mur haut de
dix mille pieds, épais de dix lieues, barrant un continent
d'une mer à l'autre, à pic, ferme, égal, droit... Eh bien :

> « Dans des milliers d'ans, ces pierres, ruinées,
> Ces moellons, croulants, seront les Pyrénées. »

En attendant, le mur est tout neuf, comme bâti d'hier,
sans une éraillure ; son sommet correct semble « une seule
pierre plate comme le toit d'un palais d'Orient ».

Mais voici les agents atmosphériques : le poète — faisant
parler un athée qui tient pour la création due à l'infiniment
petit — les ramène à leur plus simple élément : la goutte
d'eau. Il pleut sur le mur intact, le vent chasse la pluie,
mais une goutte d'eau demeure. Il pleut ; il pleut encore, et
toujours la goutte d'eau reste, qui finit, étant sphérique, par
se creuser un imperceptible bassin circulaire — un cirque
pour goutte d'eau. Et maintenant il n'y a plus qu'à laisser
pleuvoir pendant les siècles, laisser agir la goutte d'eau,
Gavarnie est fait !

Quel est donc l'auteur de ce monument cyclopéen, vaste,
stupéfiant, fou, précipice-édifice ? Quel Vitruve ? Quel
Scopas ? Quel Sostrate ? Quel Etinopus ? Quel Phidias du
Ciel a bâti ce vertige, construit cette attique avec des monts
rompus ? Qui a créé le colosse ? — *L'atôme, la goutte
d'eau !* crie l'athée triomphant. — *Et la goutte d'eau*
— reprend le poète, qui crie plus fort — *qui l'a faite ?*...

L'effrayant, avec une pareille idée poussée au développement de quatre cents vers, c'est l'assimilation soutenue.

prolongée, forcée, de Gavarnie à une architecture. Et puis
l'œil ordinaire humain est impuissant à discerner les formes
qu'aperçoit le regard fulgurant du poète :

> « .... L'apparition, l'énigme, la chimère
> Taillée à pans coupés et tirée au cordeau.
> L'aube est sur le fronton comme un sacré bandeau,
> Et cette énormité songe, auguste et tranquille !
> Morceau d'Olympe ; reste étrange d'une ville
> De l'infini, qu'un être inconnu démembra ;
> Cour des lions d'un vague et sinistre Alhambra :
> Gageure de Dédale et de Titan ; démence
> Du compas ivre et roi dans la montagne immense...
> Un mont dort dans un angle, un autre est accoudé
> Et la brume à son cou s'enfle et pend comme un goître.
> Vois croître vers la cime et vers le bas décroître,
> Écaillant de lichens leurs lourds granits vermeils,
> Ces grands cercles de bancs superposés, pareils
> A des boas roulés l'un au-dessus de l'autre.
> Avec on ne sait quelle attitude d'apôtre
> Un rocher rêve au seuil ; et, le long des degrés,
> D'autres blocs stupéfaits, voilés, désespérés,
> Semblent des Niobès, des Rachels, des Hécubes...
> Des albâtres, des gneiss, des porphyres caducs
> Mèlent à ses créneaux des cercles d'aqueducs,
> Et là-bas la vapeur sous le fronton estompe
> Des éléphants portant des blocs, baissant leur trompe.... »

Et plus loin :

> « .... Tours où l'on dirait que chante Beethoven,
> Pylône, imposte, cippe, obélisque, peulven,
> Tout en foule apparaît ; soubassements, balustres
> Où l'eau nacrée étale au jour ses vagues lustres ;
> Crevasses où pourraient tenir des bataillons ;
> Sur les parois, des creux pareils à ces sillons
> Qu'aux temps diluviens laissaient aux seuils des antres
> Et dans les grands roseaux des passages de ventres :
> Là, des courbes, des arcs, des dômes ; par endroits,
> Des murs carrés, des plans égaux, des angles droits,

Partout la symétrie inconcevable et sûre :
Des gradins dont on semble avoir pris la mesure
Aux angles des genoux des archanges assis.
Des pinacles géants portent des oasis...
Piranèse effaré, maçon d'apocalypses,
Seul comprendrait ce nœud d'angles, d'orbes, d'ellipses.
Une espèce d'étrange et morne entassement
De brèches, de frontons, de cavernes, de porches,
Où les astres hagards tremblent comme des torches,
Et, dans on ne sait quel cintre démesuré,
De l'étoilé qui flotte avec de l'azuré.... »

Pour tout autre qu'Hugo, est-ce vraiment le cirque de Gavarnie ?

III.

LE DUC DE NEMOURS AU CAMBIEIL ET AU MARBORÉ.

La conquête du Néthou présageait celle de tous les pics, puisque le glacier, désormais, n'en pouvait plus protéger aucun. C'en était fait de la tactique pyrénéenne primitive, qui consistait essentiellement, en présence d'un glacier, à faire volte-face tout net.

C'est maintenant au duc de Nemours, qui fut un habitué de Cauterets, de se signaler aux Pyrénées.

En 1846, trois semaines après Mme Lerouge, née Dupont-Delporte, il fait le 18 août l'ascension du Vignemale — avec le commandant Courtois d'Hurbal, le médecin militaire Alphonse Pasquier (celui qui fut tué en 1871, aux événements de la Commune) et M. Formentin-Damase : — les guides furent Laurent Passet, Henri et Jean-Marie Palasset.

Cette même année, avec le guide Marc Sesquet de Gèdres, il emportait en première ascension un sommet capital et difficile sur la fin : le Pic-Long du Cambieil (ne pas confondre avec son facile voisin le pic de Cambieil).

Le duc de Nemours a fait aussi la première ascension — non pas du Cylindre, comme on l'a dit, — mais de ce qu'on appelait quelquefois le *faux Cylindre*, le *plateau du Cylindre* considéré alors comme faisant partie d'un ensemble appelé *le Cylindre*; c'est le pic du Marboré d'aujourd'hui. C'est de là que, plongeant sur la source de la cascade de Gavarnie, le prince put vérifier lui aussi, comme il le dit à Chausenque, la non-existence du prétendu lac.

IV.

CHAUSENQUE AU NÉOUVIELLE.

Alors, à soixante-cinq ans, entraîné par l'exemple, pressé par l'idée que les points les plus remarquables des Pyrénées ont été atteints, Chausenque se décide.

Il faisait en 1847 un court séjour à Barèges. Le 10 Juillet, il part à deux heures du matin avec le guide Bastien Teinturier; après une heure et demie de montée dans le Lienz, il laisse son cheval pour prendre « le grand bâton » et commencer une interminable ascension : passe au lac de la Glaire, déjeune brièvement sur une pelouse, avec un vent plus que frais; puis au lieu de marcher droit au pic, voie impossible où il a échoué une fois, s'élève sur la gauche des lacs supérieurs, « miroirs sombres qui dans leur solitude éternelle ne réfléchissent que de sauvages et grandioses décors »; découvre en plein à gauche, dans les festons aigus de l'arête Nord du Néouvielle et au plus haut d'un long berceau de neige et de grands éboulements, la brèche par où il veut franchir cette arête; y monte sur la neige que le soleil commençait à ramollir, tantôt en contournant des « étangs glacés que décelait une belle teinte de vert-cérulé partout où la glace fracturée

avait laissé surgir l'eau », tantôt ayant peine à se soutenir
sur les pentes dans l'ombre et congelées par la nuit; attaque
les fatigants éboulis, franchit la brèche (qu'il appelle *brèche
ou col des Tourettes*, brèche si bien visible du port de
Peyresourde en avançant un peu vers la vallée de Louron)
et passant sur le versant Est, ainsi qu'il avait été délibéré
avec Ramond quarante ans auparavant, se trouve au
sommet d'un grand plan neigé, avec le lac d'Aubert à huit
cents mètres sous les pieds. Il était neuf heures. Encouragé,
et après quelques minutes de repos, il pousse au Sud, avec
précaution, « pour éviter de périlleuses glissades sans point
d'arrêt aucun jusqu'au terne miroir qui en bas était orné de
sapins à peine perceptibles », sur cette neige où en 1812
avait glissé un prédécesseur oublié; en sort pour prendre les
rochers, « champ très scabreux resserré entre la neige et le
vide où la terre semble fuir, » et, les difficultés augmentant,
est contraint de s'arrêter, « assis au bord même du vide » ;
il parcourt « avec plaisir » — du lieu même jadis témoin des
angoisses de La Boulinière — le dédale de rochers, de neiges
et de rocs étendus sous ses pieds. Le guide, parti en reconnaissance, n'ayant pas trouvé praticable la suite de la crête,
on revient à la neige, pour la traverser horizontalement.
« Ici, le bâton ferré est l'ancre de salut, sur ce sol perfide
d'une fermeté inégale et sous un angle qui parfois n'était
pas moindre de soixante-dix degrés ». La traversée heureusement faite, on reprend le rocher, l'ascension est possible ;
la tête du pic est attaquée avec ardeur, et plus heureux que
soixante ans plus tôt Reboul et Vidal, à midi Chausenque
se voit, avec une immense satisfaction de la difficulté vaincue,
au sommet, si longtemps désiré, du Néouvielle.

Il y passa trois heures en contemplation devant « la
sublimité des perspectives ».

Pour varier la descente, le col d'Aure le tentait, mais le
temps manquait. Reprenant donc, — peut-être sur les pas

de La Boulinière, — la brèche des Tourettes (aujourd'hui *brèche de Chausenque*), il rentre à Barèges après une course de dix-sept heures, par laquelle, dépassant pour la troisième et dernière fois aux Pyrénées la cote de trois mille mètres et ressaisissant à point l'occasion perdue vingt ans avant devant le Vignemale, il s'inscrivait enfin sur la liste glorieuse des vainqueurs de grands sommets.

Quatre jours après, conduit par le même Bastien, le duc de Nemours, avec le commandant Courtois d'Hurbal, faisait la seconde ascension du Néouvielle, en montant par Escoubous, le col d'Aure et toute la grande neige, retour par la brèche des Tourettes et le Lienz.

Faits divers :

En 1846-47, un ami d'Albert de Franqueville, le marquis de Turenne d'Aynac, excellent montagnard (depuis membre du Club Alpin et qui fit de grandes ascensions dans les Alpes à soixante-douze ans), s'établissait, pour chasser l'isard et le bouquetin, au Sud de Gavarnie et du Mont-Perdu, dans la région espagnole Torla-Fanlo-Ordessa-Niscle. Il y campa, il y vécut, il la connut de fond en comble, autant qu'ont pu la connaître ceux qui depuis l'ont mise en valeur. S'il eût écrit, sur ce revers Sud du Marboré, une simple plaquette, comme celle de Franqueville sur le Néthou, il se fût mis au premier rang des observateurs à qui est due la révélation des Pyrénées. Mais il n'écrivit pas et, pyrénéiste muet, n'a laissé aucune trace. Le versant espagnol resta à découvrir.

C'est un moment décisif de la carrière d'un pic que celui où, déjà vaincu par l'homme, il capitule devant la femme. Il ne serait pas galant de dire qu'il est humilié, mais enfin il se classe désormais comme plus traitable et transigeant. Le sommet des Pyrénées, la terrible Montagne-Maudite en

vint là le 14 juillet 1848 : quatrième ascension du Néthou,
par le Rév. Marschall et Miss Marschall, avec Pierre Barrau
et Haurillon. En 1849, Mme Tavernier, femme du receveur
général de la Charente, après avoir monté la Tusse de Maupas, prend part à la cinquième ascension. En 1850, le nom
d'Amélie Alluaud, de Limoges, se trouve parmi ceux des
touristes de la septième ascension (la sixième est celle du
prince Lobanof, aide de camp du Czar). Dès lors le Néthou,
pénible — moins, si l'on y mettait le temps — mais non
vertigineux, et nullement dangereux dans de bonnes conditions, va devenir le plus populaire des pics pyrénéens (un
enfant de dix ans le montera en 1853). Les ascensions seront
ininterrompues et de plus en plus nombreuses.

Achille Jubinal réunit ses articles en un volume : *Lettres
sur les Pyrénées, ou Voyage de Paris au Canigou*, Paris,
Amyot, 1848 (imp. Boehm, Montpellier), grand in-8° de
232 pages. Avec la mention : *Ce livre n'a été tiré qu'à cent
exemplaires seulement.*

De la même époque un récit anonyme : *La Maladetta*
(publié en deux articles dans le *Magasin Pittoresque* de 1851).
Ce n'est que l'excursion du port de Vénasque, mais triste,
en octobre, par la neige : paysage « atroce ». Voyageur peu
renseigné ; ignore les noms de Franqueville et Tchihatcheff ;
sait seulement que le Néthou a été conquis « par un Russe ».
Croit devoir ajouter : « *J'aurais été tenté d'humilier à mon
tour sous l'arrogance de mes souliers ce front sublime,
que la neige m'aurait sans doute arrêté.* » Phrase de 1820
très en retard. Et alors : « *Je me contentai de descendre
respectueusement à ses pieds, et les ayant longés jusqu'à
la hauteur du Trou du Toro, je passai le port de la
Picade.* » (*Sic.* On voit qu'il s'est bien gardé de descendre !)

LES OFFICIERS TOPOGRAPHES

I.

CAMPAGNES DE 1848-1852. — LA CARTE D'ÉTAT-MAJOR.

Le milieu du siècle, 1850, est dans la littérature pyrénéiste le point mort. Les livres anciens ont disparu, les
nouveaux sont à naître. Ramond est devenu vaguement
légendaire, ce qui veut dire qu'on n'a plus aucune idée de
ce qu'il a réellement fait. Le Chausenque de 1834 aussi est
loin. Pour unique ressource la cinquième édition du guide
Richard, *itinéraire pittoresque et artistique du géologue,
de l'homme du monde et du malade* (sic), qui fait des efforts
pour s'améliorer, élimine un certain nombre de récits tout
en se cramponnant à Dusaulx et à la dame qui a monté le
pic du Midi à cheval, multiplie les renseignements pratiques
et bouche ses trous grâce à Adolphe Moreau et à Boubée.
Livre hybride, et livre d'une époque hybride où l'on va de
Paris aux Pyrénées en chemin de fer jusqu'à Tours ou Châ-
teauroux, et le reste en diligence.

La pénurie d'écrivains n'empêche pas la connaissance
pittoresque de la chaîne de marcher à pas de géant.

Par les officiers d'État-Major, d'abord.

Les premières opérations géodésiques avaient tracé sur
le sol de la France des bandes de triangles, méridiennes ou
perpendiculaires, formant par leur croisement des quadri-
latères vides qu'il fallut ultérieurement remplir de triangles
de premier ordre. Cette « triangulation de remplissage »,
pour la partie Ouest du quadrilatère Albi-Quillan-Luz-
Castelnau, ramena aux Pyrénées, pour deux campagnes
1841-42, un officier de la première triangulation : Peytier,
devenu commandant d'État-Major, ayant pour adjoint,
en 1841 le capitaine Cury, en 1842 le capitaine Sumpt
(depuis, général, gouverneur des Invalides, les deux bras
emportés à la guerre). Il n'eut pas à ascensionner de
nouveau les grands pics difficiles, mais il eut à bivouaquer
dans des stations dont plusieurs lui étaient bien connues :
Jurançon, Cambeillon, l'Escuretz, pic du Midi, Montespé...

La triangulation de second et de troisième ordre fut
exécutée en 1848. Au point de vue pyrénéiste, à côté de la
mémorable campagne des géodésiens de la première triangulation, elle ne fut qu'un jeu : opérations rapides n'exigeant
qu'un jour par station, instruments plus portatifs, pics
faciles ; même, beau temps, et la grande chaleur du Midi,
parfois écrasante. Mais pour des officiers vigoureux, capitaines Manèque (région de Mauléon), Tabuteau (Urdos, Luz),
Loupot (Luz), Rozet (Luchon-Ouest), Testu (Luchon-Est et
Perpignan : c'est le Testu de Corabeuf), Serviet, d'Avout,
et Saint-Sauveur (Foix), etc., rien de très pénible. Les
capitaines Tabuteau et Loupot eurent la plus belle part :
Gabizos, pic du Midi d'Arrens, Cabaliros, Bergons, Piméné,
Arbizon, pic d'Arré, Montné de Luchon, etc.; magnifiques
excursions dans les Pyrénées aux frais de l'État.

(Chef de section, posté à Saint-Gaudens en 1849, Peytier,
lieutenant-colonel. Bientôt il passa dans les grands chefs.
Corabœuf, retraité comme colonel à sa limite d'âge en 1837,
avait continué à servir comme chef de la section de la carte

de France au Dépôt de la Guerre jusqu'à soixante-treize
ans ! En 1850, lorsqu'il fallut remplacer le célèbre
géodésien, ce fut son ancien adjoint des Pyrénées, Peytier,
qui prit la direction du service, en même temps que l'ancien
second de Peytier aux Pyrénées, devenu le chef d'escadron
Hossard, venait servir sous ses ordres à Paris, comme
chargé de la direction de la topographie et du dessin.)

Leur travail aux Pyrénées terminé, les officiers triangu-
lateurs — cette spécialité se faisait rare — allèrent opérer
dans l'Oisans (terrain plus ardu).

Derrière les géodésiens viennent les topographes : des
brigades d'officiers d'État-Major, qui font successivement
campagne de 1849 à 1852, se partageant la chaîne par
grands parallélogrammes de quinze à vingt lieues carrées
de terrain. Ces officiers-ci font certainement nombre
d'ascensions. Cependant ils n'ont pas obligation absolue de
monter les grands pics jusqu'à la pointe, ils les contournent
plutôt pour en connaître les diverses faces ; ils doivent surtout
fouiller les hautes régions, démêler la montagne et aussi la
nomenclature ; ils sont pourvus de guides et campent pendant
quatre mois de campagne. Plusieurs font deux campagnes,
ou trois, dans la haute chaîne. Cette topographie est une
immense opération, bien que moins *à l'effet*, en apparence,
que celle des géodésiens. Considérez ceux qui l'exécutent
comme ne formant qu'une seule individualité collective, et
le travail de « l'officier topographe », totalisé, représente
quelque chose comme une excursion pyrénéenne de *deux
mille journées de courses dans les hautes régions*. Et
non de petites journées ! Commencées avant le lever du
soleil, finies après son coucher. Si l'on en avait le compte-
rendu détaillé, sur le pied des récits de courses actuels, il y
en aurait pour vingt volumes. Travail de missionnaires et
de bénédictins — a pu dire le général Blondel dans sa notice
de 1853, — auquel les officiers se livraient sans témoins, sans

l'excitation permanente des chefs, sans l'entraînement de l'exemple des camarades, avec un admirable zèle : « c'est en soi-même qu'il faut trouver le foyer auquel on s'échauffe ». (Dans les Hautes-Alpes, surtout dans la région désolée du Pelvoux, en 1853, vingt officiers avaient vécu plusieurs mois très durs sous la tente à 2500 et 3000 mètres).

Le travail des topographes n'est pas anonyme : chaque feuille de la carte d'État-Major donne les noms des officiers qui ont opéré sur le terrain. Retenons-en quelques-uns, décisifs pour le pyrénéisme :

Capitaine Mercier : topographia le chaînon des Albères ; capitaine de Brossard : Céret.

Capitaine Grandjean : région Nord, et capitaine Babou : région Sud du Canigou ; Prats-de-Mollo.

Capitaine Thil : chaîne au Sud de Prades ; capitaine Delmas : au Sud d'Olette ; capitaine Hulot : au Sud de Fontpédrouse ; capitaine Œhmichen : Mont-Louis, Puigmal.

Le capitaine Deschiens eut à rendre une bande étroite : le désert de Carlitte, et la région du lac Lanoux, comprise entre les pics de Carlitte et Pédrous. (Avoir vécu et campé dans le désert de Carlitte n'est pas banal !)

Capitaine de Cholet : Belcaire, col de Paillers ; capitaine Ramond : Lapazeuil ; capitaine Balland : Mérens, Orlu ; capitaine Courier : Ussat.

Le lieutenant Péro : *soixante kilomètres* de sinuosités de chaîne frontière entre la Tour de Carol, le Campcardos et le pic de Canalbonne.

Lieutenant Mamony : Ustou, Aulus, le Montcalm.

Capitaine de Cholet : port de Guillou, Collac, Montrouch, Conflens.

Capitaine Hulot : port de Salau, Mont-Vallier, pic de Mauberme.

Capitaine de Bletterie : du Crabère à Pales de Burat ; région du Gar et du Cagire.

Pour la feuille de Luchon, le capitaine Œhmichen eut vingt-
cinq kilomètres de haute chaîne (pour une seule campagne,
c'est trop !) du port de la Picade au pic de Batchimale :
hautes régions du Lys, d'Oo, de Clarabide, pic du Midi de
Génos, lac de Caillaouas, et cette région, presque inconnue
alors, des Gourgs-Blancs, qui restera sur la carte une des
moins parfaites, mais dont l'officier topographe n'a pas
moins été le premier explorateur.

Dans la fameuse feuille de Luz, la plus difficile et la plus
dispendieuse de la carte de France (carte qui a coûté douze
millions) après celle des Hautes-Alpes :

Capitaine Grandjean : du port de la Pez au port de Mou-
dang. Pic d'Arbizon, haute région d'Aure, du Lustou et du
Batoa, de Riou-Majou, d'Ourdissetou.

Capitaine Tabuteau : Nord de Barèges et d'Arreau, pic
du Midi.

Lieutenant Péro : du port de Héchempy au port de la
Canaou. Le dédale de la région du Néouvielle-Couplan-
Cambieil ; cirque de Troumouse.

Capitaine de Coynart : Argelès, défilé de Pierrefitte, Luz,
Cauterets, Cabaliros, partie Nord du massif et pic d'Ardiden,
Nord de Lutour jusqu'à Estibaoude.

Capitaine Hulot, autre dédale : la partie Sud de l'Ardiden,
le Santché, Pragnères. Haute région de Lutour, Estom-
Soubiran. Cirque d'Estaubé, cirque de Gavarnie. Région
d'Ossoue, l'Est du Vignemale jusqu'à la ligne Montferrant-
Couloir de Gaube.

Capitaine Beaudoin : l'Ouest de Cauterets ; Monné, lac de
Gaube, Grand-Vignemale ; l'inextricable région dite d'Aragon, jusqu'au pic de Cambalès ; Arrens.

Capitaine Henri Saget : du col de la Pierre Saint-Martin
au col de Peyrelue. Le Gabizos, la Latte, le Ger, la région
d'Artouste, la vallée d'Azun, le lac Miguelou, et le Balaïtous.
(On a attribué à cet officier une ascension au sommet du

Balaïtous en 1851. Nous tenons de lui-même, de M. le général Saget, qui conserve sur son séjour de quatre mois aux Pyrénées et de ses campements sous la tente en compagnie du guide Biraben dit Eschotte, des souvenirs extrêmement vifs et précis, qu'il n'a pas monté le Balaïtous : il l'a étudié sous ses divers aspects en montant au Labassa, aux crêtes de Fachon, surtout à la passe de la Barane, etc.)

Et plus à l'Ouest :

Capitaine Deguilly : Assouste, Gabas, région du pic du Midi d'Ossau, pic d'Estremère, Accous.

Lieutenant Petit : région du pic d'Anie ; quarante kilomètres de chaîne frontière, du pic d'Arlet au port de Betçula. — Etc.

Et lorsque ces officiers quittent les Pyrénées, on peut dire qu'ils emportent sur eux, virtuellement, la représentation complète, le *portrait* du versant français.

Pour mettre ces éléments en œuvre il va falloir encore bien du temps. D'abord la mise au net, par les officiers, des *minutes* de la carte, qui sont au 40.000ᵉ, c'est-à-dire le double linéairement, en surface le quadruple de la future carte au 80.000ᵉ. (Pour la montagne ce n'est que juste, et dans ces proportions la représentation des Pyrénées est vraiment claire et superbe). Un point curieux, lorsqu'on voit (au service géographique de l'armée), juxtaposés, les dessins originaux des divers fragments de terrain, par des officiers divers : les différences d'aspect général, de main et de rendu ! C'est que si la géodésie est une science, la topographie, qui comporte une dose d'arbitraire, d'appréciation personnelle, est un art, — où se trouvent des maîtres !

Après, viendra la réduction des dessins au 80.000ᵉ par les dessinateurs du Dépôt de la Guerre. Pour les parties de haute montagne le temps nécessaire au dessin des hachures s'accroîtra considérablement, et les meilleurs dessinateurs spécialistes n'arriveront pas à produire un décimètre carré par mois. (Colonel Berthaut : *la Carte de France, étude historique*, 1898-99.)

Après, viendra la gravure.

Ce n'est que postérieurement à 1857-1864 que les pyrénéistes pourront s'aider de la carte de l'État-Major, publiée.

II.

MONSIEUR DE CHAUSENQUE.

Chausenque — ancien officier topographe — s'était mis vers 1854 à revoir son livre, à le compléter. A soixante-douze ans, il en donne la seconde édition :

Les Pyrénées, ou voyages pédestres dans toutes les parties de ces montagnes depuis l'Océan jusqu'à la Méditerranée, avec une carte et quelques vues des Pyrénées, par M. V. de Chausenque, ancien capitaine du génie ; 2ᵉ édition, revue, corrigée et augmentée. Agen, imprimerie de Prosper Noubel, 1854, 2 vol. in-8.

La première édition, déjà, demandait à être allégée de trois cents pages. Chausenque, ici, en rajoute quatre cents de morceaux rapportés, qui s'appliquent presque tous aux Hautes-Pyrénées (la partie des sources de la Garonne a été peu augmentée, celle des Pyrénées-Orientales pas du tout). Les proportions n'y sont plus. Mille pages de petit texte compact, un véritable *Corpus juris*, qu'on ne peut plus lire d'affilée. Beaucoup de lecteurs même renoncent tout-à-fait. Ils ont tort, les bons morceaux y abondent :

> *Les noix ont fort bon goût, mais il faut les ouvrir...*

A côté d'interminables longueurs, — comme cette digression à propos des matériaux de construction de Port-

Vendres, où Chausenque passe en revue pendant quatorze pages toutes les constructions du monde, y compris celles des Astèques et les ruines de Khorsabad ! — et bien que les éléments les plus anciens, la langue de 1805, les *faveurs d'Hygie* et les *salons de Lucullus* soient étranges en 1854, ce recueil est infiniment précieux.

D'abord, en 1854, c'est encore la seule description sérieuse qu'on ait de l'ensemble des Pyrénées.

Et indépendamment de ses courses personnelles, complétées par les nouvelles excursions au port de Plan, aux Eaux-Bonnes, par le chapitre du pic d'Ossau, par celui du Néouvielle, M. de Chausenque a soin de donner extraits des récits des ascensions célèbres : ainsi, il connaît et cite le voyage de Ramond au sommet du Mont-Perdu, il cite Franqueville, le prince de la Moskowa. Son livre est donc pour l'époque, très complet.

Ce n'est plus seulement un livre d'impressions personnelles : c'est un traité et un guide. Mais alors, comme tel, confus. Sous sa forme nouvelle, ce traité sur la matière pyrénéiste ne règnera pas longtemps et sera bientôt détrôné par des guides plus clairs : c'est que les *Voyages pédestres* ne peuvent apprendre les Pyrénées à ceux qui ne les savent pas, car pour démêler Chausenque il faut être soi-même un pyrénéiste très au courant.

Cette même année, Chausenque, l'admirateur de Ramond, eut une immense joie. Il lut, et depuis ne cessa de relire avec enthousiasme les trois articles de Sainte-Beuve sur *Ramond, le Peintre des Pyrénées* (septembre 1854).

Sainte-Beuve ne prit pas Ramond comme un sujet occasionnel ; cette étude, il la préméditait depuis longtemps, et dès 1832 elle est en germe dans cette note de l'article sur Sénancour : « *Les lettres de William Coxe sur la Suisse avaient paru en France dès 1781, traduites et enrichies d'observations et de descriptions nouvelles par M. Ramond. Celui-ci, comme peintre de la nature alpestre, a sa place entre Jean-Jacques et Oberman. Il est à croire que le jeune Sénancour s'était nourri de cette lecture. M. Ramond,* TROP PEU CONNU COMME LITTÉRATEUR, *appartenait à ce même mouvement d'innovation d'où est sorti M. de Sénancour….* »

En 1844, dans un article sur Charles Nodier et à propos d'une réimpression faite par celui-ci des *Aventures du jeune d'Olban*, Sainte-Beuve cite en passant le nom de Ramond, HISTORIEN SI ÉMINENT DES PYRÉNÉES.

Sainte-Beuve n'est pas montagnard et ne connaît pas les Pyrénées, il sera capable à l'occasion de prendre M. Thiers pour un écrivain de montagne ; mais ses articles sur Ramond ne lui en font que plus d'honneur ; sans savoir ce que sont les hautes régions, il a merveilleusement deviné, senti en Ramond l'écrivain de sommets. Il en a reçu une impression profonde et persistante.

Plus tard encore, en 1862, parlant du physicien Biot, « sensé, judicieux, fin, mais aussi diffus, prolixe, sans rien qui pénètre ni qui marque, qui se grave, sans rien qu'on emporte avec soi, malgré soi » il reprend : « *Ramond, le peintre observateur des Pyrénées, est bien autrement coloré et ému !* »

Sainte-Beuve demandait que les maîtresses pages de Ramond et de la littérature de montagne fussent tirées de l'oubli et réimprimées. Ceci n'est point encore fait aujourd'hui.

LÉZAT

I

LE PLAN EN RELIEF.

Si l'on a déjà du mal à sauver la mémoire des pyrénéistes qui écrivent — et qui écrivent comme Ramond — qui se souviendra de ceux qui n'écrivent pas ?

Voici le grand pyrénéiste de 1850. Qui soupçonnera bientôt quels furent ses exploits et sa gloire ? Il n'a pas laissé une ligne.

Et pourtant, l'ignorer, c'est omettre tout un chapitre de l'histoire des Pyrénées, qu'il remplit seul pendant vingt ans, s'attachant à une région de premier ordre qu'il a laissée épuisée, lui ayant arraché son dernier secret.

Les officiers qui, en 1849, faisaient pour le compte de l'État la topographie au Sud de Saint-Gaudens, les capitaines Balland, Fourcade, de Bletterie, Œhmichen, rencontraient avec surprise, sur le terrain, un particulier qui faisait les mêmes opérations qu'eux, pour son propre compte.

Chausenque, en même temps, dans son chapitre de la vallée d'Aran, notait : « Toute cette partie de la haute chaîne française jusqu'en Artigue-Deline, et toutes les montagnes

qui environnent Luchon sont en ce moment (1849) l'objet des
études d'un intrépide explorateur, M. Lézat, de Toulouse,
qui en a entrepris le plan en relief. Ce que j'ai vu de ce difficile et grand travail fait désirer que son ingénieux auteur
puisse le mettre à fin.... ».

Ainsi c'est Chausenque qui, en terminant son livre, annonce
la venue de son successeur. Successeur en célébrité, non en
manière. Lézat ne procède pas de Chausenque, il y a cent
ans d'écart entre eux. Chausenque, jusqu'à la fin, est
« commencement de siècle » ; dès le début, Lézat est le dernier mot de l'ascensionnisme « fin de siècle » ; ce grimpeur
sans phrases procède directement des officiers géodésiens.

Toussaint Lézat (prononcez *Lézatt*), né à Thil (Haute-
Garonne), le 24 octobre 1804, était géomètre du cadastre —
ce qu'il trouva toujours plus euphonique de prononcer :
« ingénieur civil » — épris des montagnes de Luchon, et
grimpeur-né. Nul ne mérita plus que lui l'épithète homérique
de « aux pieds légers » ou la traditionnelle comparaison à
un isard.

Nous l'avons vu plus haut arriver au Néthou en 1844, sur
les pas de Franqueville et Tchihatcheff.

Ce fut, dit-on, au sommet du Quairat, son pic favori, que
frappé de la beauté du panorama il conçut l'idée d'en donner
une représentation matérielle et vivante, un fac-simile
réduit ; bref, d'exécuter le plan en relief des plus grandes
Pyrénées, de Saint-Gaudens à Vénasque : cinquante-sept
kilomètres de long, vingt-cinq de large, à figurer au 10.000ᵉ
en plan, et en hauteur à l'échelle forcée du 5.000ᵉ pour
conserver aux montagnes les apparences sur lesquelles les
juge l'œil humain, qui exagère considérablement la raideur
des pentes et la hauteur par rapport aux distances horizontales.

Un tel travail était alors singulièrement méritoire à entamer. Aucun point de départ, la carte de l'État-Major n'existant pas encore. Lézat dut faire lui-même sa triangulation et établir son canevas.

Ceci posé, il résolut, pour le relief, de l'exécuter sur nature et en face du modèle. Alors commença une série de campagnes d'été sur le terrain, dans les régions basses, moyennes, hautes, et sur les sommets.

Pour guides et compagnons fidèles, Lézat eut Jean Redonnet dit Michot (prononcez *Mitchott*), montagnard solide et trapu, futur illustrissime guide; Bertrand Lafont le botaniste, et son fils Bernard Lafont, beau jeune homme campé à la d'Artagnan, et qui depuis devint un des guides les plus instruits, prévenants et sûrs, qu'aient eus les Pyrénées : ceux-ci portaient l'un des seize morceaux du plan en cours d'exécution, et la marmite, le lard, les ingrédients à faire la soupe. Admirable vie !

L'hiver, à Toulouse, Lézat confectionnait les détails pittoresques du plan, les petits arbres, les constructions, églises, maisons, granges, de la plus jolie exécution.

Les encouragements venaient de toutes parts : du préfet Migneret, du Conseil général, de l'Académie des Sciences de Toulouse ; de Leymerie, le géologue-pyrénéiste, du maire impérialiste de Luchon, le célèbre Tron, surnommé *le roi de la Montagne* pour sa belle prestance et son influence politique ; du Dépôt de la Guerre qui, faveur exceptionnelle, lui fit communiquer les cotes des officiers topographes.

En 1855, le chef d'œuvre est terminé, mesurant 6 mètres de long, sur 2 mètres 50 de large et 70 centimètres de hauteur maxima.

Il est envoyé à Paris, exposé dix jours dans une salle d'honneur de l'Institut, apprécié par une commission où figurent Elie de Beaumont et Dufrénoy, puis exposé publiquement, 39, boulevard des Capucines.

De cette dernière exposition, reste une notice : *Les Pyrénées Centrales* (*Maladetta, vallées d'Aran, de Luchon, du
Lys, d'Oo, de l'Arboust, etc., villes et environs .de
Saint-Gaudens, de Montréjeau, de Saint-Bertrand de
Comminges, de Luchon, de Mauléon, de Saint-Béat, etc.)
ou reproduction plastique de ces pittoresques montagnes,
exécutée en relief par M. Toussaint Lézat, ingénieur civil.*
Paris, imp. de Prève et Comp., 1855, brochure in-8 de
46 pages. C'est un recueil de pièces et de rapports, où il
faut distinguer un article de la *Guyenne* de Bordeaux,
signé Henry Brochon, et qui donne la note enthousiaste du
moment : « *Voyez !* » s'écrie-t-il. « *Sur le premier plan,
Saint-Gaudens, Montréjeau, Valentine, s'étendent coquet-
tement au milieu de fertiles prairies où coulent, entre de
hauts peupliers, les limpides eaux de la Neste et de la
Garonne. Puis les collines se boisent et leurs pentes se
redressent ; çà et là, des masses rocheuses percent leurs
flancs, tout hérissés de sapins à la verdure sombre. Voilà
Saint-Bertrand de Comminges avec son église aux
féeriques boiseries,* » — ces boiseries intérieures n'étaient
pas sur le plan en relief — « *voilà Saint-Béat avec ses
marbres célèbres, déjà le pic du Gar redresse fièrement
sa tête..... Voici enfin Luchon, Luchon avec ses hautes
cimes et ses belles vallées ; la vallée d'Aran où naît la
Garonne ; la vallée d'Oueil toujours aimable ; la vallée
du Lys avec ses torrents, ses cascades, ses forêts, les
pâturages de Superbagnères et les glaces de Crabioulès ;
enfin la vallée de Larboust, celle par où l'on va dans les
prairies parfumées d'Esquierry, au lac d'Oo, et plus
haut, dans ces régions sublimes où les neiges sont
éternelles, les lacs glacés, où le granit conserve à peine la
trace des avalanches, où tout est silence, où tout est
immensité ! et pour horizon à ce panorama magnifique,
les sommets espagnols, décharnés et sauvages....., que*

domine de toute sa majesté la montagne maudite, cette Maladetta si longtemps vierge de pas humains. Tout cela, oui tout cela, vous le trouverez, merveilleux de vérité et de poésie, de couleur et de relief, dans le plan de M. Lézat ! »

Pour finir, cette phrase restée célèbre : « *C'est l'œuvre de Dieu, patiemment analysée par l'homme de la science, et reproduite avec amour par l'homme de l'art* ».

La brochure contient une carte du projet de chemin de fer de Toulouse à Saragosse avec tunnel sous le port de la Glère (comme le siècle marche vite, maintenant !). Carte déjà parue dans une *Notice historique et médicale sur Bagnères de Luchon, par le docteur Ernest Lambron, médecin consultant* (Paris, Chaix, vers 1852), et une notice du docteur Desbarreaux-Bernard sur le « chapelet historique trouvé par M. Lézat au port de Vénasque ».

Puis le plan en relief, venu à Luchon, est déposé dans le nouvel établissement des Thermes, qu'achève alors l'architecte Chambert ; l'aménagement des eaux ayant été effectué par un spécialiste incomparable : François, inspecteur général des Mines.

II

LA TUSSE DE MONTARQUÉ. — LE LAC GLACÉ DU PORTILLON.

Dès lors Lézat, illustre, incarne le triomphant Luchon du second Empire.

Son plan devient un puissant engin de prosélytisme. Avec une complaisance infinie, un zèle infatigable, Lézat conduit à la salle du plan les étrangers, néophytes fiers d'être catéchisés par un tel apôtre ; il saisit la baguette — son sceptre

de roi des pics — et fait la démonstration. Là le plus timoré
des hommes de plaine s'enhardit à faire théoriquement le
pic de trois mille, connaît le *Mal Plané*, le *Mal Barrat* et
le *Mal Pintrat*; le *Port-Vieil*, l'*Estaouas* et les *Graouès*;
le *lac Vert* ou *lac de l'Ile* (ainsi nommé à cause de sa
presqu'île), le *lac Bleu* et le *lac Charles*, la *cascade Lézat*
et la *cascade Michot*, le « *pas des Crabes* » (c'est-à-dire,
des Chèvres), saute du Néthou au Maupas, ou enjambe
du gouffre d'Enfer au cirque supérieur d'Oo par dessus
le Quairat! Devant le plan se projettent et s'organisent les
courses, que Lézat provoque, explique, rend faciles.

Les faibles, il les envoie à l'Anténac, à l'Entécade qu'il met
à la mode, à Bacanère en y joignant Pales de Burat d'où
s'aperçoit la calotte blanche du Mont-Perdu (même, avec
une forte lorgnette, les plissements et la rimaye du glacier
Nord-Est); enfin au port de Vénasque avec le pic de Sauvegarde (ci-devant Tuc de Boum), scabreux par endroits, et
qui un jour va être tragique, mais ensuite pourvu d'un
chemin qui lui ôte toute velléité de nuire et en fait un pic
pour enfants. En 1849, Lézat y avait trouvé un chapelet
bleu, et sur ce chapelet le docteur-bibliophile Desbarreaux-
Bernard, de Toulouse, avait reconstitué les émouvantes
péripéties de la fuite d'une religieuse du Sacré-Cœur, pour-
suivie pendant la Terreur jusqu'au port de Vénasque,
s'égarant éperdue sur les rochers du pic de Sauvegarde —
indigne de son nom ce jour-là — et y mourant de faim et de
froid dans une grotte (?). Un tel récit fait la fortune
d'un pic!

Aux forts il conseille le Néthou, les quinze lacs (non pas
la course indiquée par Boubée pour la forme, mais une
autre course des quinze lacs, dans les hautes régions du Lys
et d'Oo, et qui a été réellement à la mode alors parmi les
grands marcheurs), le pic Quairat, qu'il ne donne pas comme
difficile (Lézat ne connaît guère la difficulté, il est l'anti-
Boubée: seulement « une petite cheminée »).

Surtout il conseille la Tusse de Montarqué, c'est-à-dire
cette épine, formant pic inaccessible au Nord, mais très
facile bien que longue par l'Est, qui refend en deux moitiés
le cirque glaciaire d'Oo et permet d'en voir à la fois les
deux parties : on y est comme à cheval, un lac glacé sous
chaque pied. Région unique dans les Pyrénées que ce cirque
glacé d'Oo ! De tout temps, dans sa moitié Ouest, elle fut
un passage de contrebandiers et de troupeaux ; on y exploita
une mine. Et cependant Ramond l'a « inventée » d'un seul
mot qui dit tout, le jour où il l'a qualifiée de « polaire ».

Mais Ramond n'a connu que le lac glacé occidental, le
lac du port d'Oo. Plus polaire encore est le lac oriental, le
lac du Portillon d'Oo.

Le pôle ! quelle magie dans ce mot. Et le pôle à huit heures
de Luchon ! Partir à quatre heures du matin de la plaine, de
la civilisation, de la chaleur, et déjeuner au Spitzberg, au
bord d'un lac où se baigne le pied d'un glacier fendillé en
tranches qui s'y écroulent et nagent en icebergs !

Lézat a été le Pierre l'Hermite de cette merveille. Il l'a
prêchée !

Lézat fut l'homme-Néthou, l'homme-Quairat et l'homme-
Montarqué.

III.

LIVRES D'AMATEURS : NICOLLE, TAINE.

Une rapide course à travers livres :

*Les Années de voyage. De Sainte-Adresse à Bagnères-
de-Luchon, itinéraire humoristique,* par Armand Baschet.
Paris, Giraud et Dagneau, juillet 1852, in-12 de 120 pages.
Du genre impressions de voyage. Très ténu.

Henri Nicolle, journaliste, littérateur et auteur dramatique (1819-1863), fait un séjour aux Eaux-Bonnes.

Après avoir lancé en avant-garde une brochure, *les Eaux-Bonnes, souvenirs de la saison de 1850*, dédiée à Auguste Vitu (Paris, Amyot, 1851, in-12 de 113 pages), il la reprend sous le titre : *les Eaux-Bonnes, souvenirs des Pyrénées, par Henri Nicolle, deuxième édition*. Giraud, 1853. Ce sont des lettres à Auguste Vitu : *la route, l'arrivée, le docteur* (Darralde), *la buvette, la chasse aux vautours, le pic du Ger, les hôtes de la Montagne, la promenade horizontale* : joli livre et vif (imaginez Saint-Amans aux Eaux-Bonnes en 1850, écrivant sur les malades qui prennent des numéros pour être reçus chez le docteur Darralde, sur les concerts de Madame Ugalde, sur la venue présumée de M. Dufaure, du duc de Padoue, du général Cavaignac, de Victor Hugo, de M. de Riancey, etc.).

En 1854, l'opuscule sur les Eaux-Bonnes, étendu, devient *Courses dans les Pyrénées, la montagne et les eaux, par Henri Nicolle*. Paris, Dentu, in-12 (seconde édition en 1855, de 331 pages).

Encore un des aimables livres pyrénéistes. La montagne n'y joue qu'un rôle secondaire : une simple toile de fond. Nicolle n'était guère sorti des Eaux-Bonnes et des Eaux-Chaudes : courtes excursions à Cauterets, Barèges, Pic du Midi, une journée en passant (*sic*) à Bagnères de Bigorre. Et pour Luchon moins encore ; mais un titre de chapitre décisif : LA REINE DES PYRÉNÉES ! Ainsi entre dans le pyrénéisme ce nom ambitieux et suffisant, ce *Nec pluribus impar* luchonnais. « Elle a des fleurs et des chansons, elle a la santé pour ses malades, et des fêtes pour les gens de loisir ; elle a la montagne la plus belle qui se puisse voir, elle a tout enfin.... Aussi est-elle la Reine des Pyrénées. »

Nicolle vint à Luchon en 1856, il monta au Néthou ; mais il n'est pas homme de sommets, il est homme d'établissements thermaux, il donne l'ascension du Monné de Cauterets comme *une des plus difficiles qui puissent se faire*. De plus il a confectionné ce proverbe : *Où il n'y a pas de plaine, il n'y a pas de plaisir*.

Ainsi, même aux Eaux-Bonnes, Nicolle est un gai ! Quand on a un heureux caractère on l'a partout et l'on se tire de tout. Exemple rétrospectif : l'abbé de Voisenon, dont Nicolle imagine de republier les lettres adressées de Cauterets à Favart en 1761 (déjà citées par La Boulinière). Les lettres de ce malade son étourdissantes d'entrain ; chef-d'œuvre de la littérature d'établissements thermaux. Ce goinfre de Voisenon est extraordinaire ; il est malade, il se soigne par les indigestions, ne pense qu'à savoir quel est le meilleur pâtissier de Cauterets ; et quant à ses indigestions, il les soigne par six verres d'eau sulfureuse ; il a la jaunisse, et se soufre au bain comme une allumette ; traitement à en crever ! Mais il résiste, il est gai, il fait des courses en chaise à porteurs et va voir jouer *les Arrêts de l'Amour, le Bonhomme aux Indes* ou *la Tante supposée,* pièces annoncées dans Cauterets au son du tambour....

Il ne l'a pas emportée avec lui, Voisenon, la bonne gaieté française d'établissement thermal ! Voici, au xixe siècle un autre malade qui chante en vers *Un Voyage aux Eaux-Bonnes* (par Justin Dupuy, Bordeaux, 1855, in-18 de 16 pages) et mène avec entrain la joyeuse bronchite chronique :

> « Malade du larynx, un vieux catarrhe en croupe,
> Des voyageurs souffrants je m'unis à la troupe,
> J'entre dans un wagon qu'on dit voler vers Pau... »

Tableau très enjoué de la vie aux Eaux-Bonnes, en quatre cents vers.

> « Arrive le moment de boire l'eau gommée :
> On part, on va revoir la source renommée,

> La buvette s'encombre, et chacun à son tour
> Vide son verre prêt et fait un demi tour...
> On marche en digérant le dernier verre bu...
> Vers la cinquième heure il faut aller dîner.
> Le concert entendu, le repas terminé,
> ... c'est presque toujours sur notre *Horizontale*
> Où sur la fin du jour la toilette s'étale.
> Si Gramont est trop haut, suivez l'*Horizontale*
> Ne vous fatiguez pas, la fatigue est fatale ! »

Ainsi de suite ; le docteur, le célèbre docteur :

> « Darralde aimable et bon, tout le monde le veut,
> Tout le monde le suit et l'attrape qui peut,
> Implorant et vigile et conseil et remède.
> Pourra-t-il donc suffire ?...
> A son air bienveillant, à son sourire aimable
> On se sent soulagé, l'on se croit guérissable. »

Le jeu, les mendiants, les promenades, les jeux ossalois, les excursions :

> « Le moment arrivé, descente au Col de Torte,
> Chacun serre sa rêne et le coursier l'emporte... »

Etc. Voilà un malade joyeux.

Et voici un bien portant triste.

En 1854, Taine, vingt-six ans, mais déjà investi du sérieux privilège de n'être appelé que « Monsieur Taine », vient se remettre aux Pyrénées des fatigues d'un *Essai sur Tite-Live*. Il séjourne aux Eaux-Bonnes, endroit peu gai, si on le prend mal, et s'en va par la tournée des bains, Luchon et Toulouse. L'année suivante il publie :

Voyage aux eaux des Pyrénées, par H. Taine, illustré de 65 vignettes sur bois par G. Doré. Paris, Hachette (imp. Lahure), 1855, in-12 de 274 pages. (Troisième édition, avec 341 dessins, 1860, in-8. C'est un des jolis livres illustrés par Doré. — Quatrième, 1863, très remaniée, sous le titre *Voyage aux Pyrénées*. — Nombreuses éditions suivantes.)

Lorsque Taine nous promet simplement un voyage *aux eaux* des Pyrénées, il a le droit d'en faire un livre d'établissements thermaux, livre à parcourir pour se distraire en attendant son tour de bain ou de douche, et fait d'extraits de la Chanson de Roland, de vieilles chartes, de Froissart, de Tallemant des Réaux, de Sully, de Madame de Maintenon, de Chapelle et Bachaumont, avec l'inévitable page de Ramond sur « la première des montagnes calcaires » et le récit de Franqueville sur le Néthou ; éléments raccordés et agglutinés avec des réflexions satiriques sur les baigneurs et les ascensionnistes, traits à prétentions acérées, mais qui vont rapidement se trouver aussi vieillis et démodés que ceux d'Arbanère.

Il a le droit d'être ennuyé aux Eaux-Bonnes, d'y promener une mauvaise humeur marquée, d'y trouver la montagne médiocre et sans caractère tranché ; de n'apprécier aux Eaux-Chaudes que le souvenir de Henri IV et de la belle Fosseuse ; de ne pas aller voir le pic d'Ossau et de ne le connaître que par l'éternelle citation de Candale ; de ne pas aimer grimper, de reculer devant la traversée du col de Tortes et de préférer passer des Eaux-Bonnes à Argelès par Pau, dans une diligence ; de n'aller à Gavarnie que moralement contraint et forcé, parce qu'il courrait risque d'être plaisanté à son retour s'il n'y était pas allé ; d'appeler les taches de neige du cirque « des glaciers fort laids et fort sales » ; de poser pour l'homme fort qui ne monte point (il n'a que le tort de faire une concession, d'intituler un chapitre *Ascensions* et d'aller au Bergons — de sa part, c'est une faiblesse ! — où il se livre à une géologie omnisciente mais en retard). Il a le droit de mépriser le pic du Midi parce qu'il a vu quelqu'un qui n'y a pas eu temps clair, et de déclarer que la vue y est celle que l'on a dans sa cabine de bains lorsqu'on porte des lunettes bleues où se dépose la buée ; de s'évader des Pyrénées en courant, de brûler les étapes de la tournée des bains, de ne pas séjourner à Luchon, de n'aller ni au port de Vénasque ni à la vallée du Lys (a-t-il le droit d'indiquer cette vallée comme montrant vingt-quatre cascades ?) ; d'être le plus anti-montagnard des hommes et — bien qu'il ait tâché d'essayer de sentir quelque chose dans trois circonstances, devant le fond du cirque de Gavarnie, au Bergons et à Superbagnères — le plus sec. Il est de marbre.

Mais quand le titre se boursoufle et annonce un *Voyage aux Pyrénées,* halte-là ! Alors, malgré son succès persistant, et bien que très écrit, ce voyage reste le plus inférieur des livres pyrénéistes. D'un genre unique : c'est le seul qui pour les Pyrénées ait été malveillant !

Dans sa dédicace au dessinateur Marcelin (le futur fondateur de la *Vie Parisienne*), Taine disait : « *Voici un voyage aux Pyrénées : j'y suis allé, c'est un mérite : bien des gens en ont écrit, et de plus longs, de leur cabinet* ». Ceci est pour Jubinal. Taine serait bien étonné si on lui répondait que lui, qui est allé aux Pyrénées, les ignore, et que Jubinal, qui n'y est point allé, les devine et les aime, par atavisme : celui-ci fait du roman, mais pyrénéiste, et point maussade. Le piquant de l'affaire est que Taine donne un livre bien plus à la Jubinal qu'il ne le croit : son illustrateur, Gustave Doré, se permet avec la montagne la plus impertinente fantaisie, prétend exprimer par une vignette, qui nous montre un congrès d'animaux fantastiques, « la formation des Pyrénées », tire tout forgé de son cerveau un port de Vénasque plus imaginaire que celui d'Hureau-Bachevillier, et ayant évidemment entendu parler de l'échelle de glace de Tuqueronye ou de la montée au Mont-Perdu par les échelles de Gaulis, représente Ramond emportant avec lui une échelle, qu'il applique contre le Mont-Perdu et sur laquelle il monte, comme un colleur d'affiches....

Ne disons pas trop de mal de Gustave Doré, qui a quelquefois réussi d'une façon impressionnante les grands dessins de montagnes à noires sapinières.

IV.

FRÉDÉRIC SOUTRAS. — DIVERS.

Après le sceptique, le convaincu. Autre manière, mais même résultat. Voici un fanatique des Pyrénées, enfant des Pyrénées et qui y a vécu, et auquel il a manqué, pour en bien parler... de les connaître. C'est toujours la même chose, il ne veut pas monter.

Frédéric Soutras, né en 1814 à Bagnères-de-Bigorre (mort en 1874), professeur au collège de Bagnères, et poète, est une figure sympathique, et nécessaire dans la série des écrivains pyrénéistes à travers le siècle. Il est le républicain de 1848, sincère, candide, le type du républicain-chrétien, que les roués de la politique, depuis, ont tant raillé. La chute de la République l'a fait souffrir dans son âme de citoyen : les nobles rêves qu'il avait faits pour la France et pour le monde se sont évanouis ; il a perdu sa place au 2 décembre, devenant professeur dans une institution privée. Il va guérir son cœur blessé en chantant un hymne aux Pyrénées, à cette nature « qui a des dictames pour toutes les plaies ». Tout en publiant en 1856 *les Pyrénéennes* (in-8, chez Didier), volume de vers où la montagne ne joue, en somme, aucun rôle, il prépare un livre monumental :

Les Pyrénées illustrées, texte par Frédéric Soutras, dessins par Maxime Lalanne et Émile de Malbos, Bagnères, Dossun, et Tarbes, Dufour (imp. Dossun à Bagnères), grand in-4 de 400 pages.

Livre de vallées. C'est la tournée des bains, reprise après Picqué, après Fourcade, après tant d'autres, par un enthousiaste naïf, lettré, professeur, pas montagnard, capable au maximum du Mounné bagnérais ou du pic du

Midi, et qui, lorsqu'il se trouve en présence d'un paysage
émouvant, éprouve le besoin, comme il dit, de « laisser
couler ». Il laisse couler, en vers, les rêveries de son âme et
les enchantements de sa pensée ». Dans les vallées, tout va
bien, en versification agréable :

> « Doux pays de Louron, j'aime tes bords tranquilles,
> Tes mamelons boisés, tes champêtres asiles,
> Ta rivière d'argent fille des monts neigeux...
> Qui tombant des glaciers, sous un ciel orageux
> Semble apaiser soudain ses bonds et ses furies
> Sitôt qu'elle a touché l'herbe de tes prairies ;
> Tes bocages au jour fermés de toutes parts...
> Tes granges où la paix habite ; tes hameaux —
> Suspendus aux rebords des verdoyants plateaux ;
> Tes églises....
> Mais oh ! j'aime surtout, j'aime, heureuse vallée —
> Pures comme la fleur au souffle du matin....
> Tes filles que décore une grâce ingénue,
> Dont l'œil avant la voix donne la bienvenue,
> Qui savent, en tout lieu, pour fêter le passant
> Trouver le fin sourire ou le mot agaçant....
> Oh ! pour le voyageur, las de bruit et d'orages
> Qui voudrait, tout meurtri des chocs de vingt naufrages
> Trouver un port des flots et des vents abrité
> Au sein de la nature et de la liberté.... »

Ce ton pastoral, ces filles pures, ce républicain attristé
qui veut se réfugier au sein de la nature, tout cela, mais c'est
à soixante ans de distance, du pur Dusaulx ! Et en effet
Soutras est de l'école de Dusaulx, et aussi d'Azaïs, de la
« sublime horreur », du « sinistre ». et de « l'épouvante » :
les horreurs de la gorge de Pierrefitte, les horreurs qui nous
attendent au chaos, etc. Devant la cascade du Cerizet :

*« Les bords de l'abîme, de l'épouvantable abîme plein
d'agitation tumultueuse et de tournoiements fantastiques ;.... sublime mais effrayant spectacle ;.... ce bruit
profond, ce tonnerre sinistrement monotone vous étourdit,
l'écume étincelante vous aveugle, l'existence est comme*

suspendue pour vous, le cœur vous manque, la volonté vous abandonne, et si vous regardez longtemps, vous sentez monter jusqu'à vous l'irrésistible aspiration du gouffre. On se croit transporté dans le monde nuageux d'Ossian. »

Et au pont d'Espagne :

> « Entre des blocs géants, rapide, échevelé,
> Le torrent court, bondit, tout à coup étranglé
> Dans un étroit canal il se presse, il s'entasse,
> Et s'écroulant enfin, l'épouvantable masse
> Rebondit sur le roc et jaillit dans les airs
> En vapeurs, en flocons, en gerbes, en éclairs ;
> Et puis se relevant, pour retomber encore,
> D'un effroyable bond la cascade sonore
> S'élance, et sous nos pieds, dans le gouffre aboyant,
> Parmi les rocs blanchis se plonge en tournoyant.
> Le roc tremble, le vent siffle, et dans ce chaos,
> Dans cet écroulement de vagues et de flots,
> L'abîme sous les pieds, l'abîme sur la tête
> Le visage saignant du fouet de la tempête,
> Assourdi de fracas, ébloui de vapeur,
> Pâle, glacé, muet et fixe de stupeur,
> L'homme, qui sent monter l'haleine du vertige,
> Frissonne.....

« *Nous étions comme fascinés par les éblouissements du gouffre....* »

Au milieu de ces éblouissements redondants, Soutras ne perd pas la carte. Il parle toujours de l'*irrésistible* aspiration du gouffre : en bonne logique, il devrait se précipiter ; et il se retient !

Des mots ! Et quand il faut aller aux pics, plus rien, qu'une singulière faculté de s'étourdir soi-même de son lyrisme, de s'auto-suggestionner, et de se faire croire qu'on y est allé. Soutras dans sa préface, crie : « *La montagne veut des amants ! Elle ne se livre pas au premier venu ! L'auteur est un de ces amants !* » (Ici nous revenons au romantisme). « *Le sac sur les reins, courbé sur le bâton de chêne ou de houx, il a gravi les gradins de roche ou de neige, et bien souvent ses genoux se sont meurtris aux parois du granit et sa main s'est déchirée au tranchant du glacier !* » Mais pas du tout ! Jamais de la vie ! Son plus grand exploit a été de monter, « ruisselant du sueur », (ô Dusaulx !) un raccourci sur la route du port de Peyresourde. Comment ! voilà un écrivain qui prémédite un livre grand in-quarto sur les Pyrénées, en style également grand in-quarto, et qui se croit déjà en péril quand il monte au lac de Gaube à cheval ! Qui de confiance nous dit que le glacier Nord du Vignemale a plusieurs kilomètres de long, et est incapable d'oser y aller vérifier en trois heures d'une simple promenade ! Qui nous donne encore la Pique Longue comme un gigantesque paratonnerre inaccessible et ignore en 1858 que depuis vingt ans le Vignemale est monté couramment....

Enfin ! il lui sera beaucoup pardonné, parce qu'il a été sincère, et pour une fois qu'il a vu la grande montagne (au port de Vénasque), intéressant. C'est dans son récit qu'il faut voir quel Cervin semblait en 1858 le pic de la Pique, dompté par *Milchot* et *M. de Lézat* (les méridionaux donnent du *de* à tout le monde), et combien prestigieux, surhumains, apparaissaient les vainqueurs du Néthou !

Les lithographies de Maxime Lalanne, qui illustrent ce livre, sont d'une main experte.

En 1858, Frédéric Soutras fit pour Dossun un *Guide aux Établissements des Hautes et Basses-Pyrénées et de la Haute-Garonne*. Ici, dit son biographe, le docteur Dejeanne : « notre poète dut se résigner à ne plus donner carrière à son imagination et à décrire aussi sobrement ou exactement que possible ».

Autres livres de cette époque :

Divers *Guides-Albums* avec lithographies (vallée d'Aspe, vallée d'Ossau, etc.), publiés à Tarbes chez Abadie.

*Manuel indicateur de l'étranger aux établissements
thermaux des Pyrénées*, Pau, Vignancour, in-12 de
332 pages avec la devise *Multa paucis*.

Ariège, Andorre et Catalogne, guide historique (surtout) *et descriptif aux bains d'Ussat et d'Ax, avec vingt
dessins imprimés à deux teintes, par L. Boucoiran.*
Paris, Giraud, 1854, in-8 de 200 pages. — Quelques pages
intéressantes — les premières qu'on ait eues — sur l'Andorre, où ne se risquaient guère alors que quelques
baigneurs d'Ussat.

Aux pieds des Pyrénées, par A. d'Elcourt, Paris,
Hachette, et Bayonne et Rouen, 1854.

Quarante jours dans les Pyrénées, par E. Gallès (publié
dans *l'Intérêt public* de Tarbes). *Se rend 50 cent. en
faveur des blessés de Sébastopol.* Bordeaux, Gounouilhou,
1855, in-8 de 16 pages.

Autour de Biarritz, par Germond de Lavigne. Paris,
Maison, éditeur des guides Richard, 1855, in-12 de 160 pages.
Agréable livre. Voici l'humble village de pêcheurs, Biarritz,
en passe de devenir un des séjours balnéaires les plus
célèbres du monde. Amusant chapitre sur l'heure du bain !

Bains des Pyrénées, par Justin Lallier. Paris, Parmantier, juin 1857, in-18 de 102 pages. Insignifiant.

Excursion dans les Hautes-Pyrénées, souvenirs historiques, rêveries par B. Batsère (itinéraire : Tarbes, Baréges,
Cauterets, Lourdes) : Tarbes, Telmon, 1857, in-8 de
128 pages ; fig. Petit livre de naïf enthousiasme impérialiste.
« HORTENSE ! *c'est ainsi que des misères du pâtre s'élevant
aux plus grands intérêts de la patrie, cette grande reine
lui légua comme réparation providentielle des calamités
publiques le fruit de ses entrailles, l'homme dont la
main puissante a donné de nouvelles destinées à la
France.....* », etc.

Souvenir de Saint-Jean de Luz, par Jean-François

Samazeuilh (l'enjoué Samazeuilh de 1827, Samazeuilh né à Casteljaloux !), Bayonne, Lasserre, 1857, in-18. — Samazeuilh a encore publié un *Voyage de Bayonne aux Eaux-Bonnes et aux Eaux-Chaudes en passant par la Basse-Navarre*, Bayonne, Lamaignère 1858, in-8 (sans intérêt), et en 1862, *les Pyrénéennes, nouvelles* (ne pas confondre avec les poésies de Soutras).

Voyage aux Pyrénées, tableau descriptif des Eaux-Bonnes et des curiosités environnantes, par l'abbé Adolphe Guillou, ancien professeur de littérature. A Cahors et aux Eaux-Bonnes (imp. Laytou, Cahors), 1858, in-8 de 186 pages. Bien écrit, bref, et dit tout (autant que peut dire celui qui ne pratique pas la montagne). Article curieux sur Gaston Sacaze, célèbre pasteur-agriculteur-poète-peintre-botaniste-géologue.

Voici maintenant que ressuscite une de nos anciennes connaissances : *Impressions de Voyage : les Hautes-Pyrénées, par Achille Jubinal, député de ce département au Corps législatif, prix 1 fr. 50.* Bagnères-de-Bigorre, Plasson, in-8 de 224 pages, 1858. (C'est la réimpression de la moitié du *Voyage de Paris au Canigou.*)

Autre ancienne connaissance : Nérée Boubée, avec la deuxième édition, *très augmentée*, de ses *Bains et Courses*, 1857, dont il publie aussi un extrait sous le titre : *Souvenir obligé de Luchon*. L'excellent Boubée est toujours le même, d'une prudence incorrigible. Il continue à faire de l'obstruction, il ne veut pas qu'on monte au Néthou. « *Je suis loin d'engager à faire l'ascension du pic de Néthou. Je n'ai vu personne revenir enchanté de cette course, mais au contraire se promettant bien de ne pas la recommencer. Elle est excessivement pénible et fatigante, et n'offre aucune autre curiosité que celle d'une grande vue de*

*montagnes comme au Montné ou à Bacanère. De plus,
elle est dangereuse, on ne saurait se le dissimuler. Enfin
elle est dispendieuse.* »

C'est complet ! (et il y a un fond de vrai). Moyennant
quoi les ascensions au Néthou se multiplient : vingt-neuf
touristes à la fois le 1ᵉʳ septembre 1858 : docteur Lambron,
Lézat, Leymerie, Mˡˡᵉ Prévost, Mᵐᵉ Sazerac de Forges, etc.;
et une moyenne d'une trentaine de touristes par an.

Car l'autorité de Boubée touche à sa fin et d'autres guides
vont paraître. (Nous ne parlons pas de l'opuscule du libraire
Gimet, de Toulouse, *Luchon en poche*, qui est encore du
genre timoré.)

V.

DEUX *GUIDES* EN 1858 : JOANNE ; — LAMBRON ET LÉZAT.
LES CHEMINS DE FER.

Vers 1857, Adolphe Joanne va étudier sur place les
Pyrénées, au point de vue de la confection d'un guide
pratique destiné à continuer le guide Richard.

Voici le livre de l'avenir. Cette transformation du guide
Richard donne :

*Itinéraire descriptif et historique des Pyrénées..... par
Adolphe Joanne.... contenant 9 panoramas dessinés
d'après nature par Victor Petit, 6 cartes et 2 plans de
ville.* Paris, Hachette (l'avertissement daté de 1858), in-8 de
684 pages à deux colonnes.

A peu près introuvable aujourd'hui, cette première
édition, si curieuse à revoir pour la comparer au point de
départ (le premier guide Richard), et au point d'arrivée (le
Joanne d'aujourd'hui).

Quel chemin parcouru depuis 1834 ! L'introduction
demandée à un jeune géographe compétent : Elisée Reclus ;

les récits enfantins supprimés (c'est ici que Dusaulx est définitivement éliminé : il avait régné aux Pyrénées deux tiers de siècle !), les renseignements réunis avec sûreté, présentés avec ordre. Les citations, maintenant, sont surtout des morceaux de Chausenque, « *dont les voyages seraient aussi lus que ceux de Saussure, si la forme en était plus brève et plus précise* ». Chausenque est la base du nouveau guide, et la publicité du guide sera pour le nom de Chausenque une immense vulgarisation. (Joanne, pour le moment, croit aussi à Soutras : « un de ces hommes de conscience et de talent que Paris envie à la province ».)

Quel chemin à parcourir encore, en ce qui concerne la haute montagne ! Les documents sont rares : pour le pic d'Ossau, Gaston Sacaze ; pour le Peña de Oroel, l'allemand Willkomm, auteur d'un voyage aux Pyrénées (*Albinsel der Pyrenaën*, Leipsig, 1855) ; pour le Vignemale, un extrait du prince de la Moskowa ; pour le sommet du Mont-Perdu, Ramond. Le *Guide Joanne* indique le pic d'Aubiste, le Néouvielle, le Bugaret. A Luchon, il est plus complet, grâce à Lézat, mais comme grands pics se réduit au Néthou et à la Tusse de Montarqué. (Joanne a eu connaissance de l'ouvrage préparé par Lambron.) Il cite *in extenso* l'ascension du Montcalm par Chausenque.

Tout cela timide encore, rapporté par *on-dit* et de seconde main. Joanne ne fait pas encore explorer la haute montagne directement et pour son compte.

Il a, toutefois, un élément nouveau, les panoramas remarquablement dessinés par Victor Petit (Pau, pic de Ger, montagnes des Eaux-Bonnes, Bergons, Pic du Midi, montagnes de Luchon, cirque du Lys, vue prise du port de la Picade sur la Maladetta et Vénasque, haute chaîne de la Pique) qui expliquent la montagne aussi clairement que le plan de Lézat et font du *Joanne* un guide à grand spectacle.

(Le dessinateur Victor Petit, né à Troyes en 1817, a

laissé des albums lithographiques : *Souvenirs de Pau, des Eaux-Bonnes, des Eaux-Chaudes, de Cauterets, de Luchon*, et un *Panorama du Bergons*.)

Mais le plus nouveau et le décisif du *Guide Joanne*, c'est, le croirait-on ? sa carte de France. Des traits noirs la sillonnent : les chemins de fer ! Fini donc, l'ancien monde ! Finies les timidités avec les pics ! L'homme, qui passe désormais aux travers des montagnes, saura bien aussi en atteindre les sommets. Voici L'ÈRE DES GRIMPEURS.

Et tout de suite :

Les Pyrénées et les Eaux Thermales sulfurées de Bagnères-de-Luchon... par le docteur Ernest Lambron, médecin-inspecteur des Thermes de Luchon, pour le texte, et Toussaint Lézat, pour les cartes, plans et tableaux des excursions. Paris, Napoléon Chaix, écrit vers 1858, publié en 1860, in-8, en deux parties, de 1108 pages, cartes et figures.

Un fervent de Luchon, Stéphen Liégeard, a malicieusement défini le livre de Lambron : *Mille pages d'impression serrée, dont six cents de préliminaires* ! Le fait est que le docteur-inspecteur — pyrénéiste et ascensionniste, — une des figures primordiales du Luchon de 1860, un de ces médecins officiels et de grande allure, faits pour l'inspectorat, et que le malade n'aborde qu'avec une respectueuse émotion, Lambron a cédé à la préoccupation médicale de faire massif, attendu que le client aime à être dirigé en détail, fourni d'explications minutieuses, et au besoin un peu « étonné ». Aussi lui a-t-il ménagé une terrible première partie scientifique, géographique, orographique, orogénique, géologique, météorologique, hydrologique, thérapeutique. Même dans sa seconde partie, pittoresque, il pousse à la copie : dix pages sur les peintures de l'église de Luchon, le reste dans ces proportions !

Mais enfin, cette seconde partie constituait pour Luchon, avec ses cinquante-neuf courses, un guide remarquable, excellent encore aujourd'hui.

Et par quarante pages sur les courses de sommets, elle est aux Pyrénées *le premier livre d'escalades en style d'ascensionniste,* poussé même à l'excès : rien que des tableaux de distances et de hauteurs, l'indication sèche de l'itinéraire, aucune exagération des difficultés, et l'énumération des objets à remarquer aux premier, second, troisième plan de chaque panorama.

C'est l'extrême précision et le positif, en réaction contre les longues divagations des imprécis et des non-grimpeurs.

VI

LES HAUTS PICS DE LUCHON. — CRABIOULES.
PERDIGHÈRE. — PIC DU PORT D'OO, ETC.

Le livre de Lambron et Lézat dote les Pyrénées d'un nombre important de pics nouveaux.

Il nous fait connaître le Lézat des sommets. Quelles sont les grandes excursions et les vulgarisations de Lézat (et de Michot)? Ceci est très difficile à rétablir au net !

Dans le massif des Monts-Maudits : ascensions répétées du Néthou, entre 1844 et 1866.

Il reprend — croyant prendre — possession du pic de la Maladetta proprement dit (l'ascension de Parrot était totalement oubliée) complètement délaissé depuis la catastrophe de Barrau. Ascension faite avec Michot.

Encore avec Michot, il conquiert le pic du Milieu, la Malahitta de Ramond et de Peytier. Comme pour le pic de la Maladetta, après avoir traversé le glacier il achève l'ascension par le revers méridional, dit le livre Lambron-

Lézat. (A la crête des Monts-Maudits finit l'empire de Lézat : au revers Sud c'est l'inconnu. Lambron essaie, dans son livre, un historique des ascensions du Néthou, où il fait camper Franqueville et Tchihatcheff *au-dessus du lac de Gregonio dans le val de Malibierne!*)

Le pic de Sauvegarde, nous l'avons dit, et son voisin le pic de la Mine (celui-ci, plus tard, vers 1866).

Le petit pic de la Pique, conquis en 1850, a dû à Lézat un moment de célébrité et passa pour le dernier mot du casse-cou. *Pic pour ceux qui ne tiennent pas à la vie*, disait-on. On racontait aussi que Michot en avait refait subrepticement la périlleuse ascension, risquant la mort rien que pour boire le rhum d'une gourde que Lézat y avait laissée. Cette histoire fit l'émerveillement des touristes de 1860 à 1870.

Le pic Sacroux et le lac glacé du Port-Vieux, le mauvais « pas des Crabes » (des chèvres) et descente par le lac Vert à la cascade de Cœur.

Les géants du cirque du Lys sont essentiellement le domaine de Lézat :

Il a vulgarisé le Maupas ;

Prôné le Quairat, dont on le crut toujours le premier vainqueur (nul ne soupçonnait l'ascension des officiers) ;

Conquis en 1852 le rude Crabioules, par le lac du Portillon d'Oo (personne n'a encore gravi la muraille du côté de la vallée du Lys) et les cheminées : « *trajet difficile ; heureusement ce trajet n'est pas très long* » (Lézat encore une fois, n'est pas pour exagérer les difficultés) ;

Et planté une pyramide sur le pic Intermédiaire ou du Passage.

Dans la haute région d'Oo, on sait que Lézat a mis sous ses pieds, avec Michot, ce fier et magnifique observatoire : le Perdighère. Mais quand ? On racontait que pour ne pas être inquiété par les douaniers espagnols, Lézat s'était fait accompagner du guide Charles, de Saint-Mamet, lequel,

ayant eu un fils contrebandier tué par un douanier espagnol,
avait juré de se venger et ne laissait jamais échapper
l'occasion d'envoyer une balle à un *carabinero*. Avec un
tel porte-respect, on était tranquille.

Lézat a fait la première ascension du pic du Port d'Oo,
planant ainsi à la fois sur la haute et polaire région d'Oo,
et sur celle, également glaciaire, des Gourgs-Blancs.

On comprend maintenant quel prestige eut pendant
vingt ans à Luchon ce petit homme taillé à la Ramond,
mince, la figure entièrement rasée, le cheveu dru et prématurément gris, l'œil vif et fin, la démarche légère, fort
accueillant, avec l'accent toulousain renforcé ;— et pourquoi
lorsque Lézat passait sur l'allée d'Etigny, les étrangers se
retournaient admirativement sur ce vainqueur de pics !

Hors de Luchon, Lézat n'a pas ascensionné, bien qu'il ait
fait un plan en relief au 40.000ᵉ de la portion de la chaîne
qui renferme les stations d'eaux, des Eaux-Chaudes à Ax.

VII.

LE POSETS.

Lézat n'avait pas trouvé de difficulté à opérer, et à porter
son plan, dans le massif du Néthou, c'est-à-dire en deçà de
l'hospice de Vénasque, poste de douaniers espagnols : au
delà, vers Vénasque, les carabineros ne le lui permettaient
pas.

Là était un pic de tout premier ordre, imposant par sa
masse, merveilleux de position centrale, et le second sommet
de toute la chaîne, primant même le Mont-Perdu. C'était le
Posets, et Lézat ne l'eut pas. Il n'eut que la primeur de la
nouvelle de sa conquête, et c'est le livre de Lambron qui
l'enregistra.

Jamais grande cime à vaincre n'avait été emportée à moins de bruit, et deux fois : d'abord le 6 août 1856, par Redonnet Nate, l'un des vainqueurs du Néthou, et Pierre Barrau, conduisant l'anglais Halkett ; et le 31 du même mois, par les mêmes guides conduisant l'anglais Behrens. Personnages muets, ce qui fut déplorable : le Posets a eu un mauvais début, sans éclat, une mauvaise « première » il s'en est toujours ressenti : on n'a jamais pu lui réinfuser un prestige tout-à-fait adéquat à sa vice-prééminence. Pour l'itinéraire on sait que les ascensionnistes, passant le port de Vénasque, allèrent à la cabane de *Paoul*, ce qui implique l'attaque du pic par le Nord à l'exclusion des autres routes. L'ascension, sur des débris de rochers, fut, au dire des guides, fatigante, beaucoup plus pénible que celle du Néthou, *pour une vue moins grandiose et moins imposante* (sic). Ce jugement a été amplement réformé depuis.

Il restait un pic important dans la région du Lys : le pic de Boum (ne pas confondre avec le Tuc de Boum, Sauvegarde) : il fut emporté le 10 septembre 1858 par Lézat, Lambron, Louis de Neuville et Alfred Cibiel, conduits par Michot, Bernard Lafont et Estrujo. Ainsi qu'il arrive généralement, le plus pénible de l'affaire, la véritable « première » fut pour un guide : Michot monta la finale cheminée avec l'agilité d'un écureuil, en s'accrochant aux aspérités, et avec une corde il hissa les autres ascensionnistes.

Quelques semaines avant, Alfred Tonnellé avait escaladé la Fourcanade.

TONNELLÉ

I

UN SÉJOUR A LUCHON EN 1858.

Tonnellé, jusqu'ici, n'est connu que par quelques lignes du livre du docteur Lambron qui donnent l'itinéraire de l'ascension du pic Fourcanade et promettent à son jeune vainqueur l'immortalité. (*Pauvre Alfred ! La Fourcanade, cette vierge pyrénéenne, sera donc, hélas ! ta seule fiancée ! Mais fière de votre union, ton immortelle épouse en perpétuera le souvenir dans la longue suite des âges..., etc.*)

Moyennant quoi il est resté absolument ignoré.

Lambron lui-même n'a pas su que Tonnellé avait à son actif bien autre chose qu'un pic !

Rapide, funèbre, marquante fut la carrière pyrénéiste d'Alfred Tonnellé. Né le 5 décembre 1831 à Tours, fils d'un médecin distingué, il avait fait au lycée de Tours puis à Louis-le-Grand des études exceptionnellement fortes, continuées, après la fin des classes, en culture intensive. Dès vingt ans, saturé de connaissances, il est d'une maturité inquiétante, traitant les questions ardues de philosophie,

traduisant à livre ouvert, pour le compte du Père Gratry,
les philosophes grecs; parlant l'anglais comme un anglais,
l'allemand comme un allemand, sachant l'italien, songeant
à attaquer les langues orientales en vue d'un travail sur
l'origine du langage; passionné de musique, de grande et
sévère musique classique; passionné de poésie rêveuse;
puis passionné pour toutes les manifestations de l'art :
passionné d'archéologie, antique ou gothique, — surtout
sensible jusqu'à l'aigu devant la peinture. Et avec tout cela,
le don d'écrire (il l'a montré !). Prenant des notes, mais
inquiet de n'avoir pas déjà produit : flottant, s'énervant dans
la poursuite de la transcendance philosophique et de la
métaphysique de l'art ! Son père prématurément terrassé par
la maladie, Tonnellé quitte Paris pour s'établir à Tours, où
il vit en s'entourant de livres et d'objets d'art. Certes il
est très jeune et actif, aimable, très affiné, aimant le monde
et le bal. Pourtant il a quelque chose de vide et de désem-
paré de l'homme sans carrière qui n'est pas mêlé aux hommes,
et parfois un voile funèbre, un pressentiment de mort, un
frisson de l'âme, indice d'une fatigue profonde. Très religieux,
allant de gaîtés d'enfant à des accès de mysticisme, il lit
l'*Internelle Consolacion*. Comme repos, passe souvent les
nuits à son piano ! Chaque année cependant il se donne la
distraction d'un grand voyage. Trois ans de suite, avec son
ami Heinrich, professeur à la Faculté des Lettres de Lyon, il
parcourt l'Allemagne, la Suisse ; en 1857, il va en Angleterre
pour l'Exposition de Manchester. En 1858, des amis — la
famille Mame — l'entraînent aux Pyrénées ; il part sans idée
déterminée. Dès son arrivée à Luchon, la lumière, la couleur
pyrénéennes le saisissent, le transportent : il ne rêve plus
que courses ; il note, pour lui seul, ses impressions enthou-
siastes. Il sent, il écrit ; catéchisé par Lézat il se met a
monter : le voici montagnard complet. Un jour il remarque
un pic difficile et inédit, le conquiert, et voit son nom

(Alfred) donné à l'un des hauts cols des Pyrénées. Ses amis quittent Luchon, il veut rester, courir encore... vivre de l'air des hauteurs, du soleil de l'Espagne ; il ne sent pas la fatigue, il prend l'excitation pour de la force. Après trois mois d'absence, il rentre à Tours, et meurt à vingt-six ans.

Dans ses papiers, on trouve des notes sur divers sujets ; son ami Heinrich les classe et les publie, sous le titre :

Fragments sur l'Art et la Philosophie, suivis de notes et de pensées recueillies dans les papiers d'Alfred Tonnellé. Tours, Mame, 1859, beau volume grand in-8 ; deuxième édition, Douniol et Reinwald, 1860 ; troisième, Didier 1874). Dans ce recueil, après des considérations de philosophie pure (encore citées aujourd'hui dans des manuels du baccalauréat), après des notes sur la peinture (de Pérugin, Holbein, Rembrandt, Poussin, Claude, à Turner et Cornélius), sur les métopes du Parthénon, sur Shakespeare et Gœthe, sur Bach ou Beethoven, après des traductions en vers de *lieder* allemands, après la relation de son voyage en Angleterre, sont vingt pages de fragments sur son voyage aux Pyrénées en 1858, qui suffiraient à classer Tonnellé parmi les hommes qui ont le plus singulièrement senti la montagne. Là se trouve la relation — que Lambron a connue et citée — de l'ascension à la Fourcanade.

Mais maintenant, voici mieux. Voici le livre — non mis dans la circulation — dont Lambron, ni personne guère n'a soupçonné l'existence ; les notes entières du voyage aux Pyrénées retrouvées et publiées :

Trois mois aux Pyrénées et dans le Midi en 1858, journal de voyage d'Alfred Tonnellé. Tours, Mame, 1859, in-12 de 523 pages (dont 300 sur les Pyrénées) d'une typographie claire, distinguée, avenante.

Un des grands livres du pyrénéisme. Un chef-d'œuvre.

Notes concises, prises pendant la marche, remises au net à l'étape ; ni trop écrites, ni trop peu, non retouchées, et pour cause ! — D'une franchise d'allure, d'une vivacité de forme exceptionnelles. Impressions absolument spontanées, originales, d'un homme qui n'a lu aucun livre pyrénéiste et ignore jusqu'au nom de Ramond, mais qui a vu les Alpes : ce qui est indispensable pour parler des Pyrénées avec autorité.

Livre précurseur, qui voit dès 1858 les Pyrénées comme on les verra couramment quinze ans plus tard ! Livre *sui generis*, non pas d'un montagnard qui écrit, mais d'un écrivain qui monte, qui ne craint pas le pic, qui le recherche, mais pour y aller regarder en peintre la lumière des sommets, qu'il sent et exprime avec un tempérament rare, un sentiment subtil de la couleur, et l'ampleur dans la concision. Livre qu'il faudrait réimprimer…!

Sauvons-en ici l'essentiel, le mouvement d'ensemble. — Le mouvement ! c'est tout Tonnellé. Il courait à travers les Pyrénées, courons à travers son livre.

Le 5 juillet 1858, il prend à Tours le train, — car désormais c'est le train qu'on prend — pour Bordeaux. « Les trains regorgent de voyageurs allant aux eaux. » Le 6 au matin, il parcourt Bordeaux, reprend le train et arrive à cinq heures à Toulouse (Toulouse : déjà les Pyrénées !). Le soir, un tour sur la place du Capitole : foule de promeneurs, cafés brillamment illuminés. Le lendemain, il visite les églises et les monuments : Saint-Sernin, et la série des hôtels de la Renaissance qui témoignent de l'éclat de l'architecture toulousaine au XVIe siècle, l'hôtel d'Assézat, le Lycée, l'hôtel de pierres (celui-ci, grande curiosité dans une ville de briques), etc., et à six heures et demie part pour Luchon sur l'impériale de la diligence. Il commence à ne pas dormir : sous la bâche quatre jeunes gens chantent en chœur toute

la nuit. « Il y a ici bien plus d'instinct musical qu'au centre
de la France ». Au jour, Saint-Gaudens, « affreux bourg »
(Saint-Amans jadis avait été plus indulgent !) ; approche de
la montagne. (L'impériale de la diligence était une manière
d'aborder de face les Pyrénées, autrement favorable que
la portière latérale du wagon, où fuit insaisissable un paysage
incomplet!) « Entrée jolie, fertile, accidentée. » Cierp.
Montagnes aux pentes douces et arrondies. Arrivée à dix
heures et demie. Hôtel d'Angleterre. « *Aspect charmant de
Luchon comparé aux autres eaux des Pyrénées :* belles
maisons, jolis hôtels. »

Tout aussitôt : « Monté à la montagne boisée au-dessus
de l'Etablissement des bains. *Admiré la richesse et la
luxuriance de la végétation. Il semble qu'on y sente la
circulation de la vie universelle, la sève qui coule à travers
toutes choses,* la vie abondante, active, fraîche, *viva
voluptas.* Le sol est couvert de plantes éclatantes de fraîcheur, de touffes de fougère vigoureusement épanouies qui
se mêlent et s'entrelacent ; et sous toute cette végétation on
entend sourdre et courir l'humidité fécondante qui l'entre-
tient, *on sent le ruissellement mystérieux et clair de la
rosée éternelle que versent les cimes...* »

Après dîner, promenade à la tombée de la nuit sur la
route de Castel Viel. « On entend résonner de l'autre côté
de la vallée l'Angelus d'une petite église (Saint-Mamet) qui
est au pied du rocher et qu'on distingue à peine dans
l'obscurité du soir. Comme ce son est simple et solennel !
*Du sein de cette nature si grande et si belle, mais qui n'a
conscience ni de sa grandeur ni de sa beauté, c'est une
voix qui s'élève pour dire qu'il y a là une intelligence et
un cœur qui la réfléchit, qui la comprend...* »

Ainsi, dès le premier jour, le jeune homme est saisi
jusqu'à l'âme. Alors il est pris d'une véritable frénésie de

courses. Ce besoin de mouvement est d'ailleurs caractéristique de Luchon, et jamais il n'a été plus accentué qu'à
cette époque. Les notes rapides de Tonnellé rendent à
miracle cette agitation du Luchon de Lézat, cette impossibilité
de tenir en place, cette jouissance intense de la montagne,
cette préoccupation du temps qu'il fera. ce besoin de mouvement et de fête, cette alternance d'ascensions et de tours
de valse, cette impatience de partir en course, même par
mauvais temps, cette *luchonnite* enragée, à réjouir l'ombre
de d'Étigny. Nul jour sans excursion. Pour bien dire, c'est
une seule course ininterrompue qui commence, fébrile, pour
durer deux mois.

Le 9 juillet, adoptant pour guide Antoine Ribis (*dit*
Benouse fils), un ancien dragon, course à la vallée de la
Glère en passant par l'hospice (voici une course qu'on ne
fait plus : le chemin de chevaux entre l'hospice et le cirque
de la Glère est maintenant impratiqué, et impraticable).
« Absence de soleil, teintes sombres et monotones, sommets
couverts. Désordre, tumulte de rocs, de verdure et d'eaux
écumantes : rappellent la scène où Gœthe place le monologue
de Faust fuyant la tentation. Il semble en descendant qu'on
se jette tête baissée dans le gouffre de verdure qui s'enfonce
au-dessous de soi. Nature sauvage et fraîche de la montagne,
comme je l'aime....! » Cascade des Demoiselles.

Le 10. Nuages. Promenade au Plan de la Serre, l'hospice,
de nouveau le chemin de la Glère. « *J'admire davantage
une seconde fois.* »

Le dimanche 11, avec la famille Mame : la vallée d'Aran
par Saint-Béat et le Pont du Roi. « Enivrés de mouvement,
de grand air, de galop. Plaisir d'une cavalcade et d'une
nombreuse société, mais la vue calme et recueillie des
beautés de la nature y perd. » Bosost : « nous y faisons
l'entrée de la reine d'Espagne, deux par deux, dame et

cavalier, les cinq guides en avant, faisant un bruit terrible avec leur fouet. Grand effet. » Retour par le Portillon ; à la chapelle Saint-Antoine, magnifique tableau, la vallée d'Aran et la Garonne.

Le 12, soleil brillant, mais incertain. Tenté Superbagnères à cheval : les sommets couverts. « *Il y a quelque chose de mystérieux et de divin dans cette obscurité des nuages qui enveloppe les hauts sommets.* » Descente par la vallée du Lys.

Le 13. Au lac Vert. Temps admirablement pur. Charmante entrée de la vallée du Lys. Vu, à l'hôtellerie, le registre des réflexions des voyageurs, « aussi ignoble que bête ». Dégoût et pénible sentiment « en songeant à ceux qui ne craignent pas de venir troubler la pureté et l'élévation de ces lieux ». Monté à cheval (encore une course abandonnée aujourd'hui) à travers une forêt de hêtres ; la vue s'élargit, scène de haute et grande montagne : forêt de pins presque à pic, murs de rochers ruisselant d'humidité ; au fond, débris de toute sorte recouverts d'une luxuriante végétation ; cascades Caroline, Rosalie, Solages ; air pur et vif. Belle flore de ces sommets. (Tonnellé s'y connaît en plantes et fait même un herbier, mais il se garde bien de mêler la botanique à ses impressions ; il dit que chez les botanistes « la fleur empêche de voir la nature ».) La suite de la course, à pied ; scène plus âpre : lac Bleu, tout à fait dans la solitude sauvage des hautes cimes, encore glacé en partie ; le reste de la surface, très blanc. Au-dessous, le lac Vert. Remonté au lac Charles. Des teintes de rose vif sont répandues sur toute la ligne des sommets nus. Descente, pente très raide, magnifique passage. Retour à pied : « Je savoure de nouveau les beautés de la route ». Aux Cascades. « attrait de l'eau, *quand on a chaud et soif et qu'on voit cette eau écumante briller au fond entre la verdure : on voudrait s'élancer à travers ces ondes, ce feuillage, s'en sentir caressé, enveloppé, soutenu.* » Cascade de Cœur. A l'auberge du Lys « toute la société élégante, les amazones blanches, les montagnards pour rire ; c'est ici le bois de Boulogne de Luchon ».

Le 14. Temps splendide. A l'Entécade. « *Ciel d'un superbe azur foncé comme il n'en est guère dans les Alpes : montagnes aux flancs ruisselants de lumière, aux contours arrêtés, puis rapprochés ; ombres vigoureuses ; la verdure d'un vert plus intense, plus riche. Même la vallée de Luchon est transformée : ces tons chauds donnent un relief nouveau et un charme à toutes choses.* » Vu le pic de la Pique, « gravi à grand peine par M. Lézat ». De l'Entécade, très belle vue, une sorte de plan en relief.

Le 15 et le 16. Au Néthou (avec Alfred et Paul Mame et M. Meauzé : c'est déjà la trente-quatrième ascension du pic, et le quatre-vingt-douzième ascensionniste). « Sommeil un peu agité par l'excitation de l'entreprise. » (Remarquez que Tonnellé est un nerveux, qui marche par l'excitation et n'a pas de sommeil réparateur.) Temps incertain, tout est abandonné. — A sept heures on part quand même. Montée au port de Vénasque ; les lacs du port, abrités par l'enceinte des hauts pics : très beau et très imposant. « L'intérêt va croissant, *stringendo*, avec le chemin ; enfin, le port franchi on se trouve en face de l'énorme masse de la Maladetta. Grand effet de surprise. D'autres montagnes ont une forme plus élégante, mais celle-ci est très imposante par la large assiette de sa lourde masse. C'est bien une malédiction et un arrêt de stérilité qui pèsent sur ses larges flancs, ils étalent leur tristesse. » La Rencluse ; campement « dans cette magnifique et sauvage solitude, si loin des pas humains ». Pittoresque du campement : « véritable scène de *gypsies*, de Salvator Rosa : pêle-mêle de selles, de harnais, de bâtons jetés de côté et d'autre parmi les rochers. Le foyer devant ; un rideau de fumée bleue s'élève, et laisse voir comme à travers un voile mobile scintillant, les teintes roses du couchant sur les montagnes. Les guides sont groupés d'une façon charmante, les uns au-dessus des autres, sur des marches de rocher ; les uns étendus, les autres assis. L'outre passe de main en main ; ils boivent en la tendant loin de la bouche, la pressant avec la main, et recevant adroitement le jet rouge de vin...». Au point du jour, montée, d'un pas *steady*, régulier et solennel. L'horizon se colore et s'enflamme. A six heures, brèche du Portillon, vue du glacier du Néthou. Traversée, crevasses, détours, Redonnet-Nate tenant la tête. Lac Couronné. Le fameux Pas de Mahomet : impossible pour celui qui aurait le vertige. Sommet. « Immensité de l'espace, du ciel, de l'horizon, des montagnes. *Se sentir planer, nager, suspendu au-dessus de tout cela, ne tenant à la terre que par un point le plus petit possible !* Effets de lumière superbes. » Descente : « à présent, sur la neige où nous sentions le vent glacé, on brûle ». Pour rentrer dans Luchon, avec des amis venus au-devant des ascensionnistes : les voitures en avant ; les cavaliers, le bâton ferré en arrêt ; les guides devant, claquant du fouet. On se met aux portes et aux fenêtres. « Fait toilette et dîné au milieu de la joie générale. A Luchon personne ne veut croire au succès de l'expédition, le temps y a été constamment couvert. »

Le 17. Un peu de cuisson aux yeux, lourdeur de tête et la peau brûlante. En voiture à la vallée du Lys avec la famille Mame. « *Je jouis infiniment de cette vallée que je vois pour la troisième fois, goûtée, comprise et aimée plus que les premières. Rien de plus exquis, de plus frais, de plus ombragé que l'entrée de la vallée : les grandes pentes couvertes de hêtres, le torrent se perdant au fond sous les rameaux et ressortant en blanche écume. L'inflexion de la vallée est d'une grâce extrême ; dans la courbe les glaciers apparaissent successivement et grandissent jusqu'à ce qu'ils couronnent splendidement le fond.... Magnifique lumière du soir ; je ne me lasse pas de cette route, la plus belle des environs de Luchon.... *»

Le 18. Visite au plan en relief…. Indications fournies on ne peut plus complaisamment par M. Lézat.

Le 19. Temps bas et couvert. Danseurs et musiciens espagnols de Vénasque à types curieux, pleins de caractère, remarquables de sérieux et d'expression.

Le 20. Le beau temps se déclare, c'est le jour des courses de guides à Moustajon. L'allée d'Etigny s'emplit d'équipages et de cavaliers. Les guides arrivent à cheval, en troupe, drapeau en tête, ils ont le béret bleu à pompon blanc. Le soir bal au Casino. A deux heures du matin, furieux orage.

Le 21. « Pluie, les allées sont boueuses, *les débris de l'orage se traînent sur les montagnes et descendent jusqu'au fond des vallées. Luchon est triste par ce temps.* Monté à la Fontaine d'Amour ».

Le 22. Temps superbe. Bacanère et Pales de Burat. « Magnifique vue d'ensemble. Lumière chaude et vaporeuse du Midi. Il faut un peu de solitude et de recueillement pour se pénétrer du sentiment d'élévation et de paix sublime qu'inspirent ces hauteurs. *On ne voit plus que des sommets purs nageant dans l'éther…. »* Le soir, bal à l'hôtel Bonnemaison.

Le 23. Temps radieux. « Quel dommage qu'un lendemain de bal ne permette pas d'en profiter ! » A midi, promenade à cheval sur le chemin de Poujastou.

Le 24. Au lac d'Oo. Tonnellé qui en sa qualité de nerveux pense toujours, quand il fait une course, à celle qui fera ensuite, — ce qui ne l'empêche pas de jouir de celle qu'il fait, — combine pour le lendemain la course du Crabioules.

Le récit de cette ascension va être un superbe morceau de sommets.

II.

LE COL CRABIOULES

Le dimanche 25. Ascension du Crabioules. « A deux heures, papa Redonnet (Nate) avec son petit rat-de-cave et ses gros souliers, vient frapper à ma porte ; les chevaux nous attendent. Nous partons à deux heures quarante-cinq. »

La montée au lac d'Oo, la nuit, est saisissante dans sa concision :

« Traversé Luchon endormi, le réveillant de quelques coups de fouet. Le ciel est parsemé d'étoiles. Il y a quelque chose de mystérieux et de frappant à chevaucher la nuit entre les montagnes et à se sentir enveloppé de leurs grandes ombres indistinctes. Monté toutes les pentes de la route de Saint-Aventin en pleine nuit.

« *Fausta Venus cœlo nobis arridet ab alto.*

« Elle est étincelante et précède le soleil. Bientôt les sommets derrière nous se découpent sur un ciel blanchissant. Cheminé alertement, humant la fraîcheur et le plaisir présumé. Dans le fond, au delà d'Oo, on voit les glaciers au-dessus de la verdure, avec cette teinte cendrée gris-perle qu'ils prennent à l'aube ou à la chute du jour, immédiatement avant ou après le soleil.... La nature sort des limbes et secoue l'engourdissement qui précède le réveil complet à la vie, à la lumière, à la couleur, au mouvement... Fredonné : *la nature murmure l'hymne de son bonheur*... Au lac d'Oo à cinq heures. Les gens du lac, sortant du lit et grelottants, allument leur foyer. On sent le frisson du matin. Mangé un morceau de pain. Nous passons le lac en bateau : pas un souffle ni un rayon sur ces eaux sombres et uniformes, la cascade tombe morne. Mais il y a un certain charme dans ce recueillement en elle-même de la vie qui n'est pas encore née. »

A six heures vingt-cinq, à Espingo. Puis Saousat. « La scène est très grandiose. On est ici à la base même du domaine des solitudes dont on va monter le gigantesque escalier. » Monté sur la base du Quairat. Autre plateau, resserré, désolé. « Un peu plus loin est le lac du Portillon. Il est encadré dans la neige, qui descend jusque sur ses eaux grisâtres, qui sont couvertes de glaçons flottants. On dirait un morceau détaché des mers polaires. *C'est un des lieux les plus grands, les plus sauvages et les plus glacés qu'on puisse voir dans les hautes montagnes.* »

Enfin, les couloirs, les pas difficiles. « Attaqué l'escalade avec cœur. » A onze heures vingt-cinq, sommet, pointu : on peut à peine tenir les deux pieds de niveau » (le sommet du Crabioules en effet, est une longue lame de couteau). « La vue est une des plus splendides qu'on puisse désirer, supérieure à la Maladetta, mieux groupée. On est au centre même des plus grands glaciers, toutes les âpretés des points culminants se pressent autour de vous. *Puis aujourd'hui la lumière est incomparable. Jamais je n'ai vu l'atmosphère dans laquelle nous nageons d'une fluidité et d'une pureté si merveilleuses ; jamais les tons de lumière n'ont été si vigoureux, si riches, si éclatants. Tout à fait le Midi. Voilà ce que je n'ai jamais trouvé dans les Alpes.* »

Et, après l'énumération des pics en vue : « *Pas lassé de repaître mes yeux de ces magnifiques nuances, de ces manteaux royaux, de cette pourpre divine jetés sur le dos des montagnes. C'est aujourd'hui dimanche, élevé mon âme…!* »

Lézat n'indiquait qu'une voie de retour : le lac d'Oo. Tonnellé imagine une variante, de vrai montagnard.

« Descente avec dextérité et sûreté, la face tournée vers

l'abîme et le corps penché au-dessus. Franchi le sommet du col de neige (de Litayrolles) et descendu sur l'autre versant : les magnifiques et larges glaciers de Litteroles se déploient devant nous. Nous remontons passer un port entre Crabioules et la Tusse de Maupas. Il est deux heures. La neige nous brûle le visage. Descendu dans toute leur longueur les glaciers de Crabioules. Là, entrée dans le brouillard. Eaux courantes, murmurant de toutes parts ; cinq ou six délicieuses cascades tombant en pluie fine. Cinquante passages dangereux. Émergeant du brouillard nous nous trouvons à la limite des arbres. Les guides nous engagent dans de mauvais chemins, nous marchons deux heures dans la plus prodigieuse confusion de végétation, complètement perdus dans des pentes abruptes et infranchissables. Plusieurs fois abouti à des murs verticaux sans saillie, obligés de rebrousser. Les guides, inquiets, cherchent ; nous marchons à travers un fouillis inextricable de lianes, de fougères plus hautes que nous, de framboisiers sauvages : pour sol, une mousse glissante où le pied enfonce, ou bien des troncs de sapins pourris et jetés en travers les uns sur les autres. Enfin, arrivés haletants au fond du gouffre d'Enfer..... »

Le 26. « Rencontré M. Lézat qui s'informe de l'état des neiges. *D'ordinaire, on ne passe pas par les glaciers de Litteroles.* » A cheval à la vallée d'Oueil.

Le 27. Au pic Sacroux. « Soleil embrouillé. Partis gaiement avec Nate et Ribis... Gorge de la Glère. En haut du col vent fort et froid... Au sommet le vent est violent, une petite nuée de grêle nous fouette par derrière et pique comme des épingles. Magnifique spectacle de tous ces mouvements atmosphériques. Vue magnifique, toujours du côté de l'Espagne. La Maladetta, le front enveloppé de nuages grisâtres comme des enroulements de bandelettes.

les flancs et le bas des glaciers éclairés par des coups de
soleil pâle et blafard. Très grand et très mélancolique.
Un vrai Ruysdael s'il eût peint la haute montagne. Quelques
roulements de tonnerre au-dessus de Crabioules : scène
fantastique, magnifique de désordre, de grandeur et
d'horreur. Toutes les dégradations possibles du noir au
blanc, il n'y a pas d'autres teintes. Le fond des vallées se
cache, les vapeurs montent... Ce désordre augmente, une
agitation incroyable se produit dans les masses de vapeurs,
un nuage monte comme l'épaisse fumée d'un foyer caché,
enfin les nuages nous abordent et nous enveloppent ;
aussitôt repos et silence de mort très solennels : la vapeur
voile l'abîme. » Descente par Bounéou.

Le 28. Temps couvert, pas moyen de songer à une
« grande » course. Nombreuse cavalcade pour la vallée
d'Oueil. Au retour, « *resté triste et abattu, un de ces
moments de découragement du voyage, de fatigue du
changement perpétuel... je me sens isolé...* Après dîner,
promené : *la lune envoie à travers le Portillon une douce
vapeur lumineuse.* »

Cet accès de tristesse ne dure pas, le mouvement emporte
tout : le lendemain 29, Tonnellé part pour le pic de
Sauvegarde, tout réconforté par la plus délicieuse matinée
qu'il ait encore eue en montagne. « Cet air frais et vif, ces
pentes noyées d'ombres, ce ciel pur où se perdent les
sommets, ces promesses d'une belle journée allègent et
rafraîchissent tout l'homme ».

Au pic de Sauvegarde, le premier coup d'œil est pour la
Maladetta. « Rien que des tons tristes, gris et blancs.
Désolation infinie, c'est vraiment le Mont-Maudit.... ».

III

LA FOURCANADE.

Mais l'attention du jeune homme se fixe plus à gauche, sur le fond de cirque, où « la Forcanade, charmante montagne, élève sa double fourche, *horn*. Taille élancée, svelte, raie de neige comme une écharpe en bandoulière, quelque chose de gracieux et de virginal. Vraiment, si c'était une jeune fille je crois que j'en deviendrais amoureux. L'idée me vient d'essayer de la gravir : aucun pied humain n'a encore atteint son sommet ».

Tonnellé n'est pas de ceux qui mettent vingt ans, dix ans. ou même huit jours, entre le désir d'un pic et la conquête. Dès le lendemain il est à demander à M. Lézat des renseignements pour la course de la Fourcanade (et pour une autre course qu'il médite, à Héas).

Ce 30 juillet est le jour de départ de la famille Mame qui essaie en vain d'emmener son jeune ami. Tonnellé veut rester aux Pyrénées, mais il note tristement : « mes courses vont être solitaires ». Il projette l'ascension nocturne du Montné. Le temps est mauvais ; les chevaux ne viennent pas.

Le 31, temps inattendu, splendide. « A quoi vais-je employer cette belle journée ? » Il regrette le Montné. Mais à huit heures, il rencontre Ribis et Nate, et instantanément décide de partir après déjeuner pour gravir *sa* Forcanade, et y joindre Viella et Vénasque, le tour des Monts-Maudits : quatre ou cinq jours, disent les guides. A une heure quarante-cinq il est parti, déjà dans l'enchantement, et surexcité par le beau temps.

Au galop, en une heure(?) à l'hospice ; le soleil est brillant, la montagne éclatante dans le plus bel azur. Tonnellé

commence à se griser de lumière. Dès le début, il note :
« Splendide végétation du chemin de l'hospice, d'un vert
riche et vigoureux. Les rayons du soleil éclairent le dessous
de la feuillée ». Port de Vénasque. Descente au Trou du
Toro : le torrent arrive à travers un pont de neige.
Admirable description de ce lieu célèbre, de cette charmante
et surprenante solitude, enceinte de prairies rases enfermée
par de hauts sommets, dominée par la crête neigeuse,
blanche, sereine, du Néthou. On s'établit pour la nuit dans
la cabane de pâtres du plan des Aygoualutz.

Ici une maîtresse page.

« Gravi l'éminence semée de pins qui surmonte notre lieu
de halte. Cueilli des iris, des petites bruyères blanches, des
immortelles. Assis seul dans cette haute solitude, je
contemple les sommets éclairés des dernières lueurs du
soleil. Les glaciers sont bleuâtres. Etonnante limpidité et
transparence de l'air, où nagent des contours nets et doux
cependant. Le pic de Néthou est enveloppé de l'atmosphère
et des lueurs suaves du soir. A mesure qu'elle diminue, la
lumière devient plus dorée et plus vive. Une bande d'or
liquide couvre les dernières pointes et s'efface vite. — A
sept heures, diné. — Des nuages roses flottent comme de
petites fleurs épanouies au-dessus de nous, puis tout s'éteint.
Les glaciers seuls du Néthou brillent dans l'ombre de la
nuit d'un éclat vif. — Ecrit mon journal à la lueur d'un
rat-de-cave. — A quelques pas de la hutte on allume un grand
feu. On y jette pêle-mêle des troncs entiers avec leurs
branches, qui apparaissent au-dessus de la flamme comme
des squelettes décharnés. On le fait pour retenir les chevaux,
qu'on entend brouter en liberté et frapper du sabot. La nuit
est admirable, les grandes silhouettes des montagnes se
découpent sur le firmament. Les étoiles sont d'une étonnante
vivacité, comme de rares pierres précieuses formant des
diadèmes à ces cimes. — A neuf heures, *crept back into*

my hole ; nous avons à peine la place de nous y étendre tous les quatre. — Dormi d'un sommeil très léger et interrompu. *Sorti plusieurs fois pour contempler la nuit.* A onze heures, la lune se lève. Il reste ici beaucoup plus d'étoiles étincelantes à côté de la lune. Combien est pure et belle cette marche des astres au-dessus des hauts sommets ! Ils se détachent sur le fond moelleux du ciel imprégné de la clarté de la lune. La tête du Néthou brille d'un éclat pur et doux. Bruit sévère et continu du torrent. Rien ici pour marquer la chute des heures. Solennité de la nuit au-dessus des bruits humains et plus près du ciel. On remet des branches de pin dans le foyer, qui nous enveloppe de fumée odorante... »

Le dimanche 1ᵉʳ août, levé à trois heures, il achève ses notes aux dernières lueurs du feu. Le temps est d'une sérénité admirable. Ribis père va conduire les chevaux à l'hermitage d'Artigue-Tellin. Ici un récit superbe : prototype du récit d'escalade, tout y est.

Les ascensionnistes marchent vers l'extrême fond de la vallée de l'Essera, vers la Forcanade, immense pierre angulaire à la tête de trois vallées (Essera, Viella, Artigue-Tellin) : la « jeune fille » que de loin Alfred Tonnellé traitait si légèrement est devenue, de près, une des montagnes les plus difficiles des Pyrénées (bien que n'atteignant pas les 3.000 réglementaires). « *Elle se dresse à pic. Elle a vraiment l'air de vouloir se défendre.* »

« L'aube au fond, Vénus à gauche au-dessus des montagnes : les glaciers du Néthou, frappés par les premières lueurs...... ». Fond de la vallée. Un petit étang d'eau stagnante reflète les rochers environnants ; légère couche de glace sur la surface, et gelée blanche sur le gazon. Un rayon de soleil passe par le port et les glaciers (?) de Poumère. A l'autre extrémité de la vallée les sommets sont empourprés du rose le plus vif.

Site affreux. Isards. Éboulements. Halte pour déjeuner, sous le pic : quelques bouchées de pain et de viande, peu à la fois. Les guides, hésitants, inquiets, désespèrent presque.

Attaque directe par l'Ouest, infructueuse, sur un couloir allant aboutir au-dessous de la fourche. Nécessité d'aller prendre le pic à revers... On longe la crête terminale du bassin de l'Essera, suivant les glaciers, « passage difficile », pour aller chercher, entre la Fourcanade et le pic des Moulières, un col élevé que l'on franchit péniblement à sept heures cinquante, (et qui depuis a gardé le nom, donné par Lambron, de *Col Alfred*).

Dans un très long détour de deux heures, on redescend assez bas sur le versant de Viella, revenant sur le pic qui apparaît non plus à deux pointes, mais à quatre. Ascension. Escalier d'aiguilles. Vue admirable, *stunning*. Prodigieuses masses de rocs : « pyramides verticales, hérissées, s'élevant d'un seul bloc à une énorme hauteur ; quelque chose de colossal, de gigantesque, *stupendous, overwhelming* ; à peu près comme les grandes statues assises des sphinx qui gardaient l'entrée des temples égyptiens. Ce que celles-là sont aux autres statues, ces masses de roc le paraissent aux autres rocs. »

Attaqué la première fourche, puis le col de la seconde. « Magnifique, de se trouver si petit, écrasé entre ces deux obélisques de granit, suspendu entre des précipices. » Un moment difficile, une espèce de Pont de Mahomet, moins prolongé qu'à la Maladetta : un instant à califourchon entre deux abîmes. « *Enfin touché le point culminant et ravi cette vierge !* Neuf heures et demie. La vue est très belle, mais inférieure à celle du Crabioules... Les guides élèvent une belle pyramide : *celle-là n'appartient pas à M. Lézat !* »

Descente pénible, précautions, employant les pieds et les mains, glissades sur les coulées de graviers.... A la base on

tourne à gauche, pour passer le port désert (col Fourcanade)
qui sépare la vallée de Viella de celle d'Artigue. Curieux
aspect. Lac indigo foncé. Halte. Déjeuner. Les guides sont
contents du triomphe. A mesure que l'on descend, la
Forcanade grandit (vue par la grande échancrure du col
des Aranais elle ressemble au pic d'Ossau). Prairies. Goueil
de Jouéou. Hermitage d'Artigue-Tellin (lieu classique
d'enchantement). « Vue magnifique, les montagnes roses
d'Aran terminent cette vaste perspective. Au fond la pointe
sublime de la Forcanade, *ubi stetimus*. Orage. Pluie torrentielle. Reparti dans une éclaircie. Enthousiasmé ! »
Retrouvant les chevaux, on raccourcit à travers la forêt,
(où jadis Barrau avait égaré Arbanère). La pluie reprend
avec fureur, on est trempé. A sept heures, à Viella. « Ribis
éreinté ne mange pas et s'endort sur une table. »

Le lendemain 2 août, départ pour le tour des Monts-
Maudits ; récit étonnant d'enivrement. Enivrement de la
victoire, de l'air, du soleil, de la couleur, enivrement de
l'Espagne ! Dans la littérature pyrénéiste, Tonnellé a ici des
prédécesseurs : Parrot, Dufour. Mais, comme dirait Sainte-
Beuve, il est un Parrot ou un Dufour bien autrement coloré
et ému ! On le sent dans une curiosité intense, et savourant
chaque détail pittoresque de cette nature et de cette population nouvelles. Caravane de mules pomponnées. Port de
Viella. Hospice : les carabiniers sont charmants. Suivi la
large vallée jusqu'à Vitallés (Vidaillet) en descendant
successivement différents étages qui varient complètement
d'aspect. Large vallée. Les sapins disparaissent. Haies de buis.
Tout est brûlé. Les montagnes se resserrent, s'étranglent ;
défilé sauvage. Cascade. Pas un arbre, pas un brin d'herbe.
Beau bassin, mais aride. Puis charmant paysage d'avant-
chaîne, délicieux, reposant ! Bientôt, comme par enchantement le tableau est achevé : sur une petite éminence,

Vitallés s'étageant admirablement. Un petit pont en dos
d'àne à trois arches. Délicieux horizon. En entrant dans le
village, la surprise augmente. Rien de comparable comme
pittoresque et imprévu. Les rues sont des marches taillées
dans le roc et montant à pic. Maisons boiteuses, se tenant à
peine. Quelques-unes perchées à une hauteur prodigieuse...
Hospitalité chez le maire : Ribis conte l'expédition ; les
femmes offrent des bouquets. Chocolat. Départ à trois heures
avec un guide spécial. A sept heures à Castanèze : belle
position, misérable village. Logé chez un particulier.
Repas : poulet, cailles, chocolat. Un fils joue de la guitare.
Polka avec une des femmes du pays, sur l'invitation de
l'hôte... « *Comme il faut peu s'éloigner pour se trouver
transporté dans une autre atmosphère et un monde
différent, hommes et nature !* »

Le 3 août. Castanèze à Vénasque. « Une des plus belles
choses qu'on puisse voir : défilé àpre et sauvage, encaissé
profondément, chemin en corniche à grande hauteur. » Port
de Castanèze ou de Bacibé à huit heures trente-cinq.
Descente sur Vénasque, magnifique, stérile. Vue des montagnes d'Oo, de Litayrolles. « Ensemble frappant, *plein de
grandeur par sa monotonie même.* » Vénasque, sombre
amas de ruelles sans direction. Chaleur suffocante. Magnifique soirée, le soleil quitte les hauts sommets, la dernière
lumière est vive et dorée, le vent est tiède. Et la nuit, comme
un clair de lune superbe pénètre jusqu'à son lit, Tonnellé se
lève pour le voir au-dessus des toits plats, des maisons
noires, des ruelles tortueuses et des balcons espagnols...!

Le 4, Vénasque à Luchon. Différence des sensations
suivant l'état de l'atmosphère ! Combien Ramond, dans ce
trajet par temps couvert, avait été maussade ! Tonnellé, imprégné de soleil — « pas une vapeur au ciel ! » — dévore de
l'œil les Aragonais qui descendent la montagne leur mouchoir
enroulé autour de la tête : « leur pas nerveux et élastique

rebondit sur le roc »; — la gorge de Vénasque, superbe, plus
sauvage et plus tourmentée que celle de Cauterets, moins *ravin*
que celle de Saint-Sauveur, — les bains, si haut suspendus ; —
l'hospice, où il arrive « enthousiasmé » à sept heures. A
huit heures et demie il passe le port pour la cinquième fois,
et à l'hospice de France, pour aller plus vite, il fait « un
coup d'état » (dont quiconque est au courant des habitudes
luchonnaises comprendra l'énormité) qui laisse Ribis
stupéfait. *Il continue sans faire donner l'avoine aux
chevaux !!...*

Sitôt arrivé à Luchon il va raconter l'expédition au
docteur Lambron et rencontre Lézat qui la veille, du port,
avait montré aux guides incrédules la pyramide de la
Fourcanade.

Après quoi il va relancer le guide Lafont-Prince, pour la
course de Héas !

Le 5. Temps splendide, journée de préparatifs. Et cette
note typique : « J'entends Ribis, pérorant, soutenant à des
gens qui partent pour le Néthou que la Fourcanade est plus
difficile et plus belle, et m'appelant en témoignage. Il se
dispute avec d'autres guides qui rabaissent son entreprise.
C'est très amusant ! ».

Le 6, Saint-Bertrand de Comminges.

TONNELLÉ

(SUITE).

IV

DE LUCHON A LUCHON
PAR LE MONT-PERDU ET L'ARAGON.

Le lendemain 7 août Tonnellé se réveille à six heures.
« Encore des hésitations interminables. Prince ne peut pas
venir. Il m'amène Michot. Il me décide à le prendre avec
deux chevaux de Ribis. Parti à huit heures par un très
beau temps. Une petite valise sur le cheval du guide, un
caoutchouc et un plaid sur le mien. »

La voilà commencée, cette fameuse « excursion de Héas».
Mais avec Tonnellé, qui sait où une course peut mener ?

Regardez bien ces deux hommes, Tonnellé et Michot,
montant à cheval les lacets du port de Peyresourde et
croyant faire la course de Héas. En réalité ils entament
une course qui va être l'équivalent et le pendant du voyage
de Ramond de Baréges à Luchon en 1787 ! Rien de moins.

A Arreau à midi. Reparti à deux heures, temps éclatant.

Aux alentours de Vielle la vallée d'Aure est ravissante.
Tramesaigues. Gorge. A six heures Aragnouet, misérable
village dans une gorge fermée, on ne voit que le ciel.
L'Angelus. Dîner avec Michot qui fait de grands récits
d'ascensions, et raconte des histoires terrifiantes d'espagnols
(histoires chères aux montagnards français, qui chargent
volontiers l'espagnol de tous les méfaits).

« Couché à dix heures : demain sera une forte journée ».

8 août. « Mal dormi, je ne puis me reposer dans ces
grandes excursions. Réveillé à trois heures et demie par
les cloches. Parti à quatre heures vingt-cinq. *Admirable et
pure nature. Derrière nous les différents plans des montagnes s'entrecroisent et se referment, noyés dans la vapeur
bleuâtre dont le soleil les inonde en montant. C'est très
beau ces vastes horizons qui descendent en escaliers et
rien que le ciel au-dessus. On se sent suspendu sur les
sommets de la Terre à une distance immense, et comme les
portes du monde vingt fois refermées derrière vos pas* ».
Michot, guide exclusivement local, ne connaît pas le
chemin du port. On lui apprend que le port de Héas (des
Aiguillous) n'est pas franchissable à cheval et qu'il faut
prendre le port de Cambieil. Montée. Amphithéâtre plein de
grandeur. Au col à huit heures : puis, à pied, interminable descente. A onze heures, Gèdre. Fin de la grand-
messe : petite église, hommes à béret bleu, veste brune,
quelques-uns en grand manteau brun à capuchon ; toutes
les femmes ont leur capulet ; ensemble très original. Reparti
à une heure, « la chaleur est accablante, failli m'endormir
sur ma selle ». Héas à deux heures et demie. A trois heures,
à pied, au cirque. Tonnellé, qui n'a pas lu Ramond, a une
impression bien personnelle sur le cirque de Troumouse : il
le trouve régulier, bien plus fermé que celui de Gavarnie ;
beaux fragments, mais incomplets, sans harmonie ; le sommet

très beau. La chapelle, « touchante à voir, insignifiante, humble et effacée au sein de cette grande et merveilleuse nature. *Elle dit qu'en ces lieux où parlent à l'homme l'éternelle majesté et l'éternelle puissance, son faible cri répond ....* » Saint-Amans ne comprendrait pas ceci. Mais, Ramond, certes !). Rentré à Héas. « Après dîner, dernières heures du jour, teintes de brumes à l'horizon, les glaciers encore demi-dorés, lumineux ; ciel gris-perle, dégradations d'une finesse exquise. Les troupeaux descendent : en passant, pâtres et bergères s'agenouillent un instant sur les marches de la chapelle .... Causé des montagnes avec les missionnaires. *Le Mont-Perdu n'a pas été monté cette année...* »

Sur ces derniers mots, on devine où l'excursion de Héas va mener Tonnellé ; et l'on sent que son sommeil sera troublé par des visions du Mont-Perdu.

Lundi 9 août. Il part à quatre heures trois quarts, « air frais ». et contourne la Coumélie — marche et vue splendides. — passe sous le Piméné, débouche dans la vallée de Gavarnie, et voyant se dresser à pic ces gigantesques murs bleus du cirque, ressent une impression sublime et ravissante à la fois. « C'est bien ce qu'il y a de plus grand et de plus beau dans les Pyrénées..... » Le voici à Gavarnie.

« Arrivés à neuf heures quarante-cinq. Déjeunons immédiatement. Je m'informe du Mont-Perdu. On me dit que des Messieurs doivent le monter aujourd'hui. D'ailleurs on m'offre pour guides des contrebandiers français qui montent à la brèche de Roland. Je fais préparer les maigres provisions qu'ils ont à me donner. Nous partons à dix heures. »

Après ce *Gavarnie, quinze minutes d'arrêt!*, trois heures de montée. La brèche : « étonnant et magnifique coup d'épée, très beau de près. La vue est insignifiante». Tonnellé y reste une heure pour attendre « ces Messieurs ». Scène de contrebandiers qui montent du côté français, détachent des éclaireurs sur le côté espagnol : coups de sifflet, carabineros, coups de feu, désolation du propriétaire des marchandises ; les contrebandiers abandonnent les ballots et s'enfuient...

Ici un fait qui doit demeurer mémorable dans les annales du pyrénéisme.

Accompagnés de deux guides, arrivent « ces Messieurs ».

L'un, est un M. S*, tout jeune, qui se prépare à l'école polytechnique.

L'autre est « *M. Henri Russell, homme distingué, ayant voyagé au Canada et dans le Fart West parmi les Indiens* ».

(Sensationnelle, la rencontre, sous la brèche de Roland, de ces deux jeunes hommes, Tonnellé et Russell, fanatiques des Pyrénées, et qui ne savent pas qu'ils seront tous deux parmi les grands écrivains pyrénéistes ; dont l'un a soixante jours à vivre, et demeurera quarante ans ignoré, tandis que l'autre, plein de force et d'avenir, va développer avec éclat sa prestigieuse carrière.... !

Et c'est Tonnellé qui, le premier, inscrit dans l'histoire des Pyrénées le nom de Russell ! Décidément, il est bien le précurseur !)

Deux heures de marche sous le Cylindre dans les lieux les plus désolés. Affreusement triste. Pas un brin d'herbe. Cabanes inférieures de Gaulis. « Assis longtemps sur un rocher en face de la solitude et causé avec M. Russell. Le diner est très gai. Avant de se coucher les bergers font la soupe au lard, buvant à l'outre, mangeant à la gamelle : maigres et misérables. On leur donne du chocolat enveloppé de papier de plomb : grand étonnement ; ils le mettent sur le front pour ornement. *Je dors peu.* Nuit originale ».

De sa première ascension au Mont-Perdu, le 10 août 1858,

le comte Russell (parti de Luz à cheval avec les guides Bellan et Césiro) se rappelle aujourd'hui un détail frappant : le *temps peu sûr* et le *départ avant le jour* ; il en résulta, dit-il, que *nous arrivâmes avant le soleil à la fameuse cheminée, paroi calcaire de tout au plus six ou sept mètres, mais verticale, dont nous trouvâmes les fentes encore pleines de glace: une espèce d'orgue de rocher et de glace. Difficulté de quelques minutes. De là jusqu'au sommet, immense pente douce de cailloux calcinés. Peu ou pas de neige.*

En 1858, Tonnellé écrit :

Le 10 août. « Réveillé à trois heures et demie. Paresse générale. On se met en marche après avoir mangé du chocolat et une croûte de pain. Départ à cinq heures. Monté à gauche en passant au pied de Gaulis, espèce de mamelon carré, à pic, non encore gravi, disgracieux. Au-dessus est la seconde pointe du Mont-Perdu qui nous cache la première. L'ascension n'offre pas de dangers, mais quelque chose de continuellement pénible : les deux pas de l'échelle. Un filet d'eau qui coule est gelé par endroits sur la paroi du roc : très glissant et très dangereux. Au-dessus, gravi des vilains graviers jusqu'en haut. Nous sommes poursuivis par des nuages, qui se forment en grands rouleaux blancs, montent derrière nous, nous couvrent toute l'Espagne, puis les vallées les plus proches. »

Au pic à neuf heures : « c'est la première ascension cette année ; un Monsieur arrivé quelques minutes avant nous est étendu indifférent sur les pierres du sommet ; il a un guide comme il doit y en avoir beaucoup pour des inexpérimentés, qui me donne pour la Maladetta un pic noir dans une tout autre direction... Forêt de pics.... Celui qui se voit le mieux est le Vignemale. Au-dessous de nous au Nord, le petit lac du Mont-Perdu dans les neiges. A

gauche la belle masse découpée du Cylindre, non encore
gravi » (celui qui doit le gravir, Tonnellé l'a à côté de lui !).
Le jeune aspirant polytechnicien, éreinté, s'étend....

V

LA VALLÉE D'ARRASAS.

Ramond, du Mont-Perdu, était allé dans la vallée
d'Ordessa, mais par le grand tour (port de Pinède, Gèdre,
port de Gavarnie) et ne soupçonnant pas un instant possible,
la descente directe : « *Ce précipice n'est pas de ceux que
l'on brave impunément....* » Pour venir sous le Mont-Perdu,
côté Gaulis, à deux kilomètres du sommet et à l'altitude 2400,
il avait, en prenant son temps, fait soixante kilomètres !

(Autre souvenir du comte Russell: en jeune inexpéri-
menté qui ne doute de rien, il trouva ridicule de revenir
longuement par le même chemin, et voulant arriver plus
vite à Luz, il *brava le précipice*, et qui plus est, celui
du Nord, et fit un bond pour entamer la descente sur les
séracs qui tombent de huit cents mètres dans le lac. Le
second pas en effet, l'eût mené vite. Il ne le fit point.
La main de Bellan, s'abattant sur son épaule, avec accom-
pagnement d'un épouvantable juron, le cloua au sol...)

Tonnellé aussi va évoluer, du sommet du Mont-Perdu,
vers une nouvelle course : rentrer à Luchon par l'Espagne !
A cette époque, le dernier mot de l'imprévu, de l'inédit.
Mais cependant les temps sont changés, et ce qui était
difficulté est devenu facilité ; redescendus aux cabanes de
Gaulis à midi, on convient que les guides « de ces Messieurs »
ne redescendront pas à Gavarnie, mais accompagneront

Tonnellé et le jeune M. S* *en passant par Torla. — « Soi-disant moins fatigant que de redescendre la brèche. »* (Nous en sommes déjà là : la vallée d'Ordessa était vulgarisée parmi les chasseurs, tels que le marquis de Turenne d'Aynac.)

« M. Russell retourne à Gavarnie, Michot y va aussi, payer la dépense, renvoyer les chevaux à Luchon ; il nous rejoindra demain à Torla. »

Ici un morceau décisif : ce n'est pas à la vérité l'acte de naissance de la vallée d'Ordessa ; celui-ci est de Ramond. Mais c'est l'acte de baptême, sous un nouveau nom, de la VALLÉE D'ARRASAS. Et la description est complète.

« Descendu par plusieurs étages et escalettes dans la vallée au-dessous, le *val d'Araça.* En descendant ces assises, qui s'étagent en escaliers gigantesques taillés en marches régulières, on est dominé par le pic lui-même, et le Cylindre. En tournant le fond de la vallée d'Araça on a sur le côté la montagne puissante de Montarruogo » (Mont-Arrouébo, la Fraucata). « Pour franchir la crête qui couronne toute la vallée, un pas très difficile et très dangereux : ce que j'ai encore vu de pis. Moment d'hésitation.... Saillies imperceptibles, à pic au-dessus d'un effroyable précipice... Au bas, enfin, une pelouse unie, plus douce au pied que le velours.

« Le fond de la vallée s'arrondit et forme un cirque majestueux, pas aussi brillant et aussi ravissant que Gavarnie, mais nu et austère comme l'Espagne, triste et sauvage. Bientôt les lignes de sapins paraissent sur le rocher, et la vallée se rétrécit, resserrée entre deux hautes murailles de roc dénudé : au fond le gave tombe en cascades comme sur des barrages faits de main d'homme, et forme de belles nappes d'eau d'une limpidité sans égale. Ce mur de rochers continue à droite et à gauche et affecte des formes singulières

et pittoresques, si leur grandeur souffre ce mot. De vraies
fortifications, des aiguilles, des pointes, des créneaux ; au
sommet, comme le mur épais d'une citadelle flanquée de
deux bastions.

« Descendus à travers une belle forêt de hêtres aux
troncs élancés, en marchant sur un lit doux de feuilles
accumulées depuis de longues années. Silence et solitude
profonde. Traversé un endroit où le sentier a été emporté,
passage très dur, il faut monter à l'assaut. Il faut ici passer
le torrent, déjà très large. Il n'y a pas de pierres, je me
jette dans l'eau et me rafraichis les pieds dans ce clair courant ;
on jette un tronc de sapin en travers, sur lequel passe notre
jeune homme : il est très fatigué et commence à m'inquiéter ;
il a une soif ardente, qu'on apaise à tout moment avec de
l'eau-de-vie et de l'eau fraîche. Mon attention est partagée
entre le souci de ce jeune homme seul, débutant dans la
montagne par cette terrible course, avec sa mère inquiète à
Saint-Sauveur, et mon admiration pour l'incomparable scène
qui nous entoure.

« Devant nous, un orage : les hauts pics sont voilés de
rayons bleus de pluie, sur lesquels domine un arc-en-ciel.
La vallée s'élargit encore ; à la base, fraîche verdure ; au-
dessus, les masses de rochers de plus en plus grandioses. A
droite, séparées par une coupure profonde », (le Cotatuero),
« deux masses carrées » (l'Arrouébo et le Salarous) « prodigieuses sous tous leurs aspects : de vraies forteresses
naturelles bastionnées et crénelées. C'est quelque chose
d'emphatique et d'énorme comme l'imagination espagnole.
Flancs rouges et éclairés du soleil couchant. Plus loin,
pelouses charmantes semées de beaux bouquets d'arbres,
une vraie Arcadie. Cette vallée réunit tous les aspects à leur
plus haut degré de beauté. Entre ses flancs, route en zigzags »
(échelle de Torla)... « Très longue, rapide et pierreuse
descente sur le fond de la vallée. La nuit tombe. *Ici aboutit
le val d'Araça et ses splendeurs.* »

La nuit est venue, la route se prolonge. Torla semble s'éloigner, le polytechnicien est défaillant, malgré des efforts surhumains : « jamais je n'ai vu la fatigue portée à ce degré de souffrance ». Pont sur le torrent (le rio Ara). Enfin, pour monter au village, le jeune S*** trouve à se cramponner aux paniers d'un mulet. On va loger chez l'alcade, où l'on porte le jeune homme au lit ; on le déshabille : vin chaud. Tonnellé mange de bon appétit un dîner assez bon, écrit à sa mère « sur un charmant petit papier », se rafraîchit, et se couche à onze heures dans un bon lit ; est effrayé d'entendre son compagnon qui gémit, qui le réveille, qui a le cauchemar et crie *Ah ! que je souffre ! j'étouffe !* Cependant il finit par s'endormir profondément.

VI

TORLA. — FANLO. — SALINAS.

Jusqu'à Torla, Tonnellé a marché dans la trace de Ramond.

Maintenant c'est lui qui va faire la trace.

Alors (il n'y a pas encore longtemps de cela !) la région comprise entre Torla et Vénasque était absolument inconnue. On a dit : « aussi inconnue que les montagnes de la Lune » ; ce n'est pas assez dire : des montagnes de la Lune on avait la carte ! Des pyrénées aragonaises, entre le Mont-Perdu et le port d'Oo, pas un mot, pas une ligne, rien !

Aussi, peu de priorités plus vivement revendiquées que celle du voyage de Gavarnie à Luchon par l'Espagne.

Vingt pages de Tonnellé tranchent la question. Pages aussi remarquables par la grandeur des ensembles que par la netteté des détails. Pages décisives dans l'histoire des Pyrénées, et qu'il faut sauver.

Le 11 août. Réveillé à neuf heures et demie, il passe la matinée à se remettre, à se rafraîchir avec le bon « caldero », à se laver, à déjeuner, à boire avec délices : vin d'Espagne fort, mais très *temperatum*. « Toute cette hospitalité espagnole est fort chère, treize francs pour chacun de nous. » Michot, parti de Gavarnie à quatre heures, arrive à onze et demie. Le jeune S*** se trouve bien reposé ; ses guides donnent un bâton ferré à Tonnellé, qui lui fait ses adieux et part à deux heures. Le malheureux Michot est horriblement chargé du sac et de la valise. Temps lourd et chaud.

A une demi-heure de marche, Broto, joliment situé dans la vallée élargie, cultivée, ouverte, très pittoresque. En se retournant au Nord on voit l'énorme masse carrée (l'Escuzana) qui est plantée au milieu de la vallée et fait le plus grand effet. Pont de trois arches à ogives. Tonnellé fait réparer ses souliers par un *zapatero* et « ce brigand exige *diez pesetas* » (dix francs) : de plus, pour changer un louis, un franc de perte (détail plein de couleur locale). « Les habitants de ces vallées me prennent pour un anglais, ils ne connaissent pas d'autres étrangers : ils sont étonnés et agréablement épanouis quand ils savent que je suis un *señor frances*. Visité l'église. »

On repart à trois heures et demie. A Cervicota (Sarvisé) on quitte le val de Broto et on tourne à gauche dans la gorge (val de Jalle) qui conduit à Fanlo : assez bon chemin de mulets, mais désert, silencieux ; montagnes peu élevées semées de pins. Pendant deux heures et demie même aspect. A la nuit, Fanlo, situé très haut sur une pente et dominant une vaste étendue. On descend chez le *Señor*. « Dîner très bon, soupe excellente, pain d'une légèreté et d'une saveur comme du gâteau. Un jeune homme fort attentif, une femme raide, un enfant hébété de curiosité qui ne cesse de tourner autour de moi. Michot fatigué, mécontent de ce qu'on le regarde très peu et qu'on lui fait attendre son lit. Je retiens un mulet pour demain et m'enquiers du chemin de Bielsa. »

Le lendemain 12 août est la plus caractérisée peut-être des journées du voyage.

Levé à quatre heures et demie, Tonnellé attend, « résigné à la lenteur et à l'inexactitude espagnoles », son mulet en retard d'une heure. Le spectacle qu'il a sous les yeux peut faire patienter ! « Le balcon de la maison s'ouvre sur un immense horizon de montagnes dont les lignes se rejoignent à la base pour former une vaste gorge. Une des premières est la montagne de Cestale (Sistral) dont le profil se dessine en noires et gigantesques découpures. L'horizon est terminé par un cône tronqué, très élevé, biscornu, majestueux, la Peña-Montanesa qui s'élève dans la vapeur comme un fantôme bleuâtre.... »

On part à six heures « avec un petit muletier patient, vigoureux, qui marche devant, tenant l'animal par la corde. En guise de selle un amas de couvertures qui fait affreusement écarter les jambes ; pas de brides, pas d'étrier.... »

Petits ravins, chemins rocailleux, impraticables, rochers pittoresques, « *Salvator Rosa like* ». A sept heures et demie, Nérin, misérable hameau de maisons délabrées sur une croupe aride et nue. « Descendus chez le sieur Clemente, où nous déjeunons. Pas d'autres meubles que des bancs de bois enfumés. Un grand vieillard reste immobile dans la cheminée ; une vieille femme à l'air vif, mobile, fin, prépare notre déjeuner : soupe au lard, omelette, et chocolat. Cependant elle me regarde curieusement et fait des observations sur les *manos finas del Señor*. C'est sans doute pour cela qu'elle se croit autorisée à m'écorcher : sept francs cinquante pour cette maigre chère. Grande incertitude sur le chemin que nous devons suivre : ils connaissent à peine leur propre pays.... »

Entre un garde forestier, le fusil sur l'épaule : il propose la route de Nérin à Bielsa par la montagne, par le col de Niscle et l'hospice de Pinède ! (la future course de

Lequeutre !) Mais il faut compter dix heures dont quatre seulement à mulet. Par Vio et les vallées le chemin sera plus facile. Tonnellé se décide pour ce dernier itinéraire et repart à neuf heures (il ne pouvait tout découvrir à la fois!).

Ici un tableau de grande allure :

« Gorge profonde, rougeâtre, semée de touffes de buis, sentier en corniche. Plus on avance, plus cette aridité prend de grandeur. Auprès de Cercué, le paysage prend un des aspects les plus frappants qu'on puisse imaginer : un coin de la montagne se déchire et s'avance au-dessus de la gorge en pointes énormes, comme les dents d'une mâchoire ouverte... On domine de très haut et on plonge dans cette scène de confusion : dernière limite de la grandeur sauvage. La masse de Cestale se présente maintenant en face comme une des plus prodigieuses masses de pierres qu'il y ait : immense superposition de terrasses bastionnées, de vrais murs de forteresses flanquées de tours, d'une couleur rouge et ardente. Le sentier monte toujours, faisant croître à chaque pas la profondeur, la netteté de la vue, la grandeur de la scène qui se développe de plus en plus. Enfin au fond d'une gorge latérale (la vallée de Niscle) s'élèvent deux grands sommets neigeux enroulés de nuages : c'est le Mont-Perdu, las Tres Sorores. »

Au plus admirable moment de ce *crescendo* le sentier de mulet abandonne la grande gorge pour tourner à droite, franchir une crête et descendre à l'affreuse bourgade de Vio, tout ce qu'il y a de plus triste et stérile. Autre tableau du plus grand caractère :

« Suivi pendant deux heures les flancs d'une gorge stérile et brûlante. Je ne me figurais rien d'aussi âpre que dans la Sierra-Morena. Rencontré quelques hommes et quelques mulets qui traversent péniblement, ou sont étendus sur le sol brûlant. Le grand pic de la Peña Montanesa se voit presque isolé et marque comme une borne la fin de la haute

montagne. En avant, une sorte de plaine accidentée, plus
de lignes, plus de direction, quelque chose de confus,
d'inextricable et d'affreux ; cela dépasse en stérilité tout
ce qu'on peut concevoir. Pas une goutte d'eau, pas un brin
d'herbe. Cela me rappelle Don Quichotte dans ses solitudes...
Au-dessus d'un mamelon apparaissent Escalona près de la
Peña, et plus près Puyarrebo » (Pouyarrouégo, extrémité de
la vallée de Puertolas). « Nous laissons Escalona sur la droite.
Nous passons le torrent» (le rio Veillos) «ou plutôt ses pierres,
sur le pont de Puyarrebo, deux ruines de hauts piliers en
pierre qui supportent quatre pauvres planches. Nous voyons
encore à l'horizon le Mont-Perdu où se forme un orage. Ses
sommets, d'un noir d'encre, sont enveloppés de brume et
d'ombre ; au centre seulement, les glaciers étincellent
comme des diamants. *Rex tremendæ majestatis.* Effet
magnifique au bout de cette plaine grise et nue. »

Superbes, ces réapparitions du Mont-Perdu, revenant
comme le formidable *leitmotiv* de cette prestigieuse région !

De là, descente à la « maison de Puertolas », au triste bord
du torrent (la Cinca) ; on voudrait s'y reposer et s'y nourrir.
Impossible ! La maison a l'air aussi misérable que le pays :
devant la porte une femme renvoie les voyageurs, disant
qu'elle n'a rien à manger ni à boire. « Inhospitalité du
climat et de la race. Cette maison et cette femme ont l'air
de revenants dans ce désert qui ne porte aucune trace de
culture ni d'habitation. *Non domita, non mansuefacta
terra.* »

On continue à suivre le bord de la Cinca de plus en plus
encaissée. (Ces Pyrénées espagnoles sont le pays des gorges.)
Sous un groupe d'arbres l'hospitalet (hospice de Teilla, à
l'extrémité de la vallée de ce nom), « masse de pierres
noires, sales, peu avenantes ; on traverse l'écurie, sombre
comme une cave, pour aller dans le recoin qui sert de

chambre : deux femmes y sont accroupies, dont l'une file
la laine des moutons du pays. A peine arrivés, orage et
pluie ; la première eau qui tombe ici depuis cinq mois ! »

Malgré la menace d'orage, il faut repartir à quatre heures.
On rentre dans la haute montagne à la Fortunada. Tonnellé
nous donne ici la primeur du défilé célèbre *de las Devotas:*

« Admirable gorge et, sauf le buis qui en garnit entièrement les flancs, sortant du caractère que j'ai vu jusqu'à
présent au versant espagnol. Très rétrécie, sauvage, mais
en même temps très pittoresque. Masses de rochers qui
surplombent : un torrent écumant, d'une charmante
couleur bleue et contenu parfois entre deux murs droits :
tantôt le sentier grimpe comme une chèvre, ou descend,
par des escaliers à pic, dans le lit même du torrent, ou
suit au milieu des eaux bouillonnantes, sur une sorte de
digue de troncs d'arbres ou de cailloux. L'orage revient,
la pluie reprend... Nous arrivons à *el paso de las Devotas,*
une vraie échelle de pierres déchirées, qui mène dans le
lit du torrent. Plusieurs grandes figures d'Espagnols réfugiés
dans les cavernes en sortent à notre passage. La pluie
augmente. Si le torrent se gonflait on pourrait être em-
barrassé. Michot s'enveloppe du châle, le muletier de la
couverture, et nous cheminons ainsi dans l'averse qui nous
a bientôt trempés... La gorge tourne et s'élargit, joli
endroit.... L'averse redouble ; une maison, refus de nous
recevoir. Enfin dans l'obscurité qui augmente, deux ou
trois cabanes . »

C'est Salinas, à sept heures et demie. Tableau de genre.
(Tonnellé a excellé à peindre l'arrivée au gîte espagnol) :
« Frappé à un pauvre huis. Figure peu flattée et accueil
peu empressé du maître de ces lieux. Ces Espagnols
sont réservés, presque durs au premier abord. Pourparlers
assez longs sous la porte, tout dégouttants de pluie. Monté

à une chambre haute, noire, misérable, où des enfants nous
éclairent avec des copeaux de résine. Nous sommes tombés
dans le plus pauvre intérieur espagnol, heureux encore
d'avoir un gîte. Changé presque à tâtons, suspendu nos
habits, puis pris place dans la cuisine autour du vaste foyer,
sous le manteau enfumé. L'accueil de ces braves gens se
radoucit un peu, ils causent, interrogent, deviennent gais. »
Et l'on finit par manger une très bonne soupe, faite spécialement sans huile ; à la suite, os de mouton à ronger, et
assez bon vin. Le moral remonte aussitôt : « Content de ma
soirée après tout, dans cette pauvre demeure. Je couche
dans la chambre commune, dans un coin noir séparé du
reste par une cloison en planches. J'occupe un grand lit, —
un matelas étendu à terre, qui sert d'ordinaire à six membres
de la famille. Draps très blancs sur lesquels ils ont étendu
une espèce de belle couverture. Je m'y endors comme un
prince. »

VII

BIELSA. — GISTAIN. — PORT D'OO.

Le lendemain (13 août) Tonnellé s'habille à tâtons, la
chambre n'ayant pas de fenêtres. Le temps s'est rasséréné ;
il est même trop transparent, menace de pluie. La toilette
n'est pas longue en ce pays, et l'on part sans rien manger,
mais non écorché : en tout, trois francs. « Les torrents
accourent remplis, écumants, bondissant ce matin. » Encore
une gorge, charmante et qui se referme gracieusement
derrière le voyageur ; dans l'ombre de ce défilé, fraîcheur
pénétrante. Un peu avant Bielsa (une lieue et demie de
Salinas) la vallée s'élargit de nouveau, prend un aspect frais
et riant. « La pluie d'hier a comme recouvert toute la

nature d'une fraîche splendeur, d'une vivacité étincelante. Rencontré des gens en habit de fête, à mulet, les femmes avec de jolies boucles d'oreilles tombantes et collier d'or. »

Arrivée à Bielsa à huit heures ; à gauche s'ouvre « la large vallée qui va gagner la base du Mont-Perdu et où est située l'hospitalet de Pineta » (la vallée de Pinède : Ramond l'avait vue par l'autre extrêmité !). Arrêt sur la place, à la *Casa Agostin* ; les notables de l'endroit sont assemblés à la porte. Pendant qu'on prépare le déjeuner, visite de la ville : « elle porte le cachet de la Renaissance sur les plus pauvres maisons. Sur la grande place, un hôtel de ville avec galerie cintrée du XVe siècle. Maisons à grands balcons en saillie, à hautes balustrades en morceaux de bois plat découpés… ». Déjeuner de « l'éternelle soupe au lard », de mouton coriace, de chocolat : vin doux et un peu piqué du sud de l'Aragon, regardé comme une grande friandise. « On pèse le pain avant et après le repas fort exactement. »

Départ de Bielsa à dix heures, avec un grand vieux bonhomme qui porte la valise à la mode du pays, une courroie autour du front, et ne marche pas très fort. Pour aller à Gistain, on franchit directement « la montagne de Malista » (las Maristas ?) qui sépare les deux vallées : beaux ravins latéraux au-dessus de Bielsa, végétation touffue de buis, puis pins magnifiques et vigoureux, puis grand col herbé qui n'en finit pas ; chardons-baromètres, jaunes comme des soleils d'or, rayonnants.

Tout le temps de la montée, vue un peu lointaine, mais admirable, du Mont-Perdu qui se présente par l'Est au bout de la vallée de Pinède. « L'effet de lumière est très beau ; d'abord enveloppé d'un nuage épais et noir, comme hier ; les nuages et les rochers se confondent : puis l'orage est balayé et toutes les crêtes se détachent vigoureusement sur le ciel. Au bas s'étend la belle vallée de Pineta avec le sillon d'argent du torrent qui la descend et dont les ombres passantes de nuages brunissent ou polissent la surface. L'orage tourne vers l'Est sans nous atteindre. »

Après quatre heures et demie de marche, col. On renvoie le vieil espagnol. Sur l'autre versant, une sorte de promontoire cache la vallée du Plan. A l'horizon, les crêtes du port de la Pez. « En face, une belle chaîne de sommets sévères, âpres, bruns, de cette teinte bronzée et de ces contours hardis qu'ont les sommets de l'Aragon, surtout par les temps nuageux. » (Eristé, Posets, etc. La crête que Tonnelé vient de franchir, insignifiante en orographie, est capitale en pyrénéisme et sépare deux empires. A l'Ouest règne le Mont-Perdu. A l'Est dominent les Monts-Maudits.)

Descente rapide sur des pentes herbées ou pierreuses « le long d'une montagne d'un rose si vif qu'on le dirait éclairé d'une aurore boréale ». On laisse à droite *el Plan* pour descendre directement à Gistain. « A la Taverna à trois heures trois quarts. A la porte du cabaret des femmes assises filent et regardent nonchalamment ; des enfants s'ébattent, quatre ou cinq grands gaillards oisifs se drapent dans leur mante. On s'aperçoit à peine de notre venue et de nos questions. On ne nous fait même pas entrer dans le bouge sombre, où la *senora* est assise parmi ces hommes. qui parlent d'un ton haut, dur, presque irrité ; on nous apporte un peu de pain et de vin sur une pierre du seuil. Pas autre chose à avoir ici. Il rient beaucoup de ce que je bois de l'eau avec le vin. » (On dirait un tableau de Gustave Doré !) « Après bien des tentatives je finis par avoir quelques renseignements sur la route et un homme se décide. non sans peine, à nous accompagner. »

Laissant à droite le village de San-Juan, on monte vers l'hospice de Gistain ; champs cultivés, aspect plus civilisé. Mais le temps se gâte :

« Un orage se forme et monte rapidement derrière nous. Monté au pas gymnastique; de loin aperçu la maison blanche des carabiniers auprès de la petite baraque de l'hospice. Mais avant de l'atteindre, la pluie éclate, les nuages nous repoussent et se déversent sur nous en torrents furieux ; les coups de tonnerre se pressent, et leur écho passe, renvoyé d'un flanc de la montagne à l'autre ; des éclairs rose vif illuminent la vallée s'étendant comme une nappe devant nous. Très grand. En un quart d'heure je suis transpercé. L'Espagnol jette sur ma tête un coin de sa lourde *manta* impénétrable à la pluie, mais qui m'écrase, et tous deux nous montons, comme sous un même toit mouvant, les pentes raides au pas de course. Perdu, abîmé, aveuglé dans le désordre des éléments, la violence de la pluie qui fouette et nous enveloppe, les lueurs mobiles des éclairs, le bruit, la confusion, les pierres où le pied se heurte à chaque pas, vacillant sous le poids de la *manta* qui me retombe sur le visage, je me laisse entraîner et rouler confusément......»

Le dernier gîte :

« Arrivé à la porte de l'hospice, au plus fort de la tourmente, comme à un véritable lieu de refuge, et enfoncé la porte d'un vigoureux coup de bâton. A notre entrée l'*hospitalero* et la vieille femme manifestent un sentiment de compassion. Un grand feu est allumé, nous changeons de vêtements et nous nous séchons. Une demi-douzaine d'Espagnols sont étendus sur les larges bancs autour du foyer, dans la cuisine enfumée qui est la seule pièce de la maison. L'orage continue à régner.

» On nous fait un dîner, que je trouve excellent ; je n'ai jamais mangé de meilleur appétit : deux assiettées de soupe au lard, l'*olla* (légumes du pot) et des tranches de jambon frit. J'offre une pièce de monnaie pour qu'on consente à m'aller chercher dans la tourmente une jarre d'eau fraîche.

Diner très animé et très gai. Causé beaucoup avec les Espagnols, et nous arrivons à nous comprendre. Après le dîner arrivent les carabiniers, qui jouent aux cartes la moitié de la nuit. Je tombe de sommeil sur les bancs ; il n'y a pas d'autre lit ici. Cependant on me fait coucher dans un galetas où on a étendu par terre une vieille paillasse recouverte d'une couverture en lambeaux, que je laisse sur mes pieds, et je m'entoure la tête de mon châle. Michot est couché près de moi sur la moitié de ma paillasse : il est très défiant des Espagnols et surtout de Gistain ; il n'y a pas de plus mauvaise vallée que celle-ci. Reposé tant bien que mal parmi le bruit des chats qui se battent d'une façon sauvage presque sous nos pieds, et des Espagnols, qui parlent bien haut dans la chambre au-dessous. »

Ceci est une nuit-type, nuit d'hospice aragonais dans sa pureté primitive (alors qu'on n'y réservait point encore « la chambre des Français »), nuit parfaitement désagréable à passer, savoureuse à avoir passée et à raconter ; nuit d'insomnie où il ne manque rien : « Réveillé avant le jour, je suis pressé de sortir de ce bouge. J'ai été inquiété et dévoré par toutes sortes de bêtes, et ma peau en porte de nombreuses traces.» Est-ce complet ? Pas encore : quelques inquiétudes d'être dans ce lieu perdu, un fort désir de s'en aller. « A trois heures et demie Michot descend et ne remonte pas ; un silence absolu s'établit, entrecoupé de murmures ; ses histoires sinistres d'Espagnols commencent à me trotter par l'esprit : solitude dans la nuit noire et dans une caverne de brigands (?).... Enfin je me traîne à tâtons jusqu'à l'unique ouverture : il fait petit jour. Michot revient, et nous descendons, je presse le départ. Impossible de mettre en mouvement ces masses qui dorment, s'étirent, répondent à peine....». (A quatre heures du matin, quoi d'étonnant ? Mais les voyageurs pressés qui ne dorment pas ne doutent de rien !) « Il faut une heure pour qu'ils se décident à nous donner du pain et du vin pour notre journée, un peu de fromage, et rien autre chose. Un carabinier arrive et demande nos papiers qu'il fait semblant de ne pas trouver en règle ; il faut financer .... Moyennant quoi il nous indique gracieusement une source d'eau très-bonne et nous congédie. » Michot, furieux, et même le guide espagnol aussi, vont mâchonner des injures pendant trois heures !

En marche à cinq heures ; temps encore une fois éclairci, mais vapeur à l'horizon, déjà elles remontent, et « convoitent les sommets ». Montée le long du torrent (la Cinquetta) superbe, grossi, abondant : « On laisse à gauche le port de la Pez dont on aperçoit les grandes pointes décharnées et on s'enfonce entièrement dans le groupe formé par les énormes montagnes de Clarabide et d'Espoussets » (ceci est le vrai nom local du Posets : l'*Ès Possets*) « qui sépare cette vallée de Gistain de celle d'Astos de Vénasque. Dédale de vallées qui pénètrent entre les hauts sommets : profondeurs peu explorées. La masse et l'aspect du pic d'Espoussets sont magnifiques de ce côté .... Ces hauts sommets vus au-dessus de longues pentes couvertes d'herbages sont d'un aspect tout à fait alpestre ; réunion de pâturages et de glaciers qu'on ne s'attendait pas à trouver là. Nous passons près d'un rocher isolé, debout, menaçant en pyramide aiguë, c'est la *Punta de la Espada*. Monté, au pied d'Espoussets dans un étroit couloir en pentes rapide, entre des montagnes couvertes de fleurs : le torrent descend en cascades. Scène très simple, grave et belle. »

Halte au bord du gave, déjeuner de pain sec trempé dans du vin, le fromage gardé en réserve. « Ceci est assez pour soutenir l'estomac. »

Col de Gistain. Tonnellé congédie son guide du pays, après avoir vidé l'outre et donné à boire à un beau pâtre espagnol. « Le vent est glacé au haut du col, de grosses masses noires arrivent, chassées, apportant la pluie. Au-dessous, la vallée d'Astos, triste, pierreuse, gigantesque, creusées entre les flancs des rochers qui supportent les énormes masses d'Espoussets et du port d'Oo : une des plus sauvages régions de toutes les hautes Pyrénées. »

Le temps est trop incertain pour qu'on essaie de gagner le port d'Oo en contournant le fond de la vallée sous les crêtes. Donc descente rapide en glissant (vers la cabane de Paoul), puis montée d'une grande crête; rafales : « on voit la vallée dans sa grandeur morne et uniforme, vaste désert de pierres ». Chaos pénibles. Orage, éclairs superbes. « De quelque côté qu'on se retourne on ne se voit enveloppé que d'affreuses et grandioses solitudes. Quels désordres, quelles convulsions....! »

Voici le terme : le port apparaît au milieu du tournoiement des nuages. Sentier extrêmement dur; enfin à midi et demi le port est franchi pendant une éclaircie, la vue sur la France est, sinon lumineuse, au moins claire. Et immédiatement , cette impression remarquable à noter chez un homme qui revient du Mont-Perdu : que la haute région d'Oo, côté français, est la plus saisissante, la plus grandiose, « le centre des plus grands hérissements.... »

Au port d'Oo, Tonnellé, qui apporte avec ses notes dix lieues de hautes Pyrénées espagnoles révélées, rentre dans la trace de Ramond, mais à rebours. Superbe, sa descente sur les étages du versant français : d'abord une forêt de pics magnifiques élevant dans les airs leurs fissures, leurs abîmes, leurs flancs ravinés; d'un peu plus bas, on domine un petit lac glacé (lac du port d'Oo) : « cette petite nappe d'un bleu exquis, cachée et demeurant brillante au fond des abîmes, relève toute cette grande scène ». Plus bas, descente longue et rapide : le quatrième lac, « une flaque »; puis le bassin du troisième (Saousat) d'un vert pâle. La scène se simplifie, on ne voit plus que le grand amphithéâtre de rochers que dominent les trois grands pics. Traversée du torrent au-dessus du lac d'Espingo enveloppé de brumes. Les chutes, ce jour-là, splendides : « masse d'écume gonflée, rebondissante, jaillissante ». Pendant la descente au lac d'Oo, l'orage éclate. « Enveloppés dans une brume grise, qui fait un singulier contraste avec les teintes vives de la verdure près de nous. Pluie torrentielle. A mi-côte, un rayon de soleil pénètre cette masse de vapeurs, la divise et la jette de côté en lambeaux, glisse sur le lac dont toute la surface est éclairée. Admirable spectacle, que je m'arrête pour contempler sous la pluie ! »

A la cabane du lac à trois heures. « Séché au foyer, et après les privations espagnoles, le régal, la délicatesse de deux verres de vin chaud, sucré, avec des rôties. Puis à quatre heures, départ, et d'un pas singulièrement allongé, en trois heures à Luchon. »

Et à huit heures, dépouillé de ses vêtements de voyage, basané, cuivré comme un Africain, mais rafraîchi, il descend dîner au restaurant.

TONNELLÉ

(SUITE).

VIII.

DE LUCHON A PERPIGNAN PAR LA CATALOGNE.
ESTERRI. — TIRVIA.

Revenu depuis une heure de l'Aragon, Tonnellé a déjà
le regret du mouvement, la nostalgie du versant espagnol,
la curiosité de la Catalogne. Il se sent très entraîné.

Il est très excité, et c'est bien différent ! La montagne,
certes, vivifie et soutient, mais comme le café. Au fond la
dépense de forces est formidable, et il y faut prendre garde :
s'il n'y a pas réparation équivalente, l'entraînement apparent
cache une dépression profonde. . . . .

Le lendemain est dimanche et 15 août (quadruple fête :
Dieu, la Vierge, l'Empereur et Luchon) ; donc, repos. Après
la messe, examen des peintures de Romain Caze : « goût et
distinction de cette petite église ». Puis, avec le docteur
Lambron devenu son ami, il faut parler de la nouvelle
course. Mais le guide Lafont-Prince est absent, contrarieté.
Et la journée du 16 est éclatante ! Désespoir de la passer
confiné. De plus, *tout le monde s'en va*. (Rien d'épidé-

mique, aux eaux, comme l'idée de départ, c'est la déroute !)
« *Je vais rester seul ici : il est temps de sortir de ces lieux
dépeuplés !* »

Immédiatement, spleen. Quand sera-t-il rentré chez lui !
la vie d'intérieur, les beaux mois d'automne en Touraine !
et la rapidité de la vie sentie plus vivement que jamais (à
vingt-six ans !). Encore un mois de voyage, et la fin de
l'année approchera, et il aura vingt-sept ans, *les années se
précipiteront les unes sur les autres !* Vingt-sept ans !
*âge critique où il faut se décider à faire œuvre, autre
chose que prendre des notes.*

Et il termine : « *Tâcher, en arrivant, de ne pas se laisser
reprendre par le courant. Se resserrer. Aboutir.* » Infortuné, forcé en serre chaude, et qui se trompe ici trois fois !
Les vingt-sept ans, il ne les aura pas. Mais il aura
« abouti » : l'œuvre à faire, sans qu'il s'en doute se fait.
Et précisément avec des notes !

Passons sur l'agitation des combinaisons de départ ?
Scène d'ailleurs très luchonnaise. Lafont-Prince est revenu.
Mais Lafont-Prince ne veut pas de nouveau laisser son
écurie. Lafont-Prince offre à sa place un autre Lafont-
Prince, un cousin. . . . (Les Lafont étaient un clan à Luchon,
comme les Redonnet, les Sors, les Ribis, les Capdeville !
tous ces noms de guides font corps avec l'histoire des
Pyrénées). Enfin, tout est convenu pour vingt-cinq francs par
jour et cent francs de retour, à Perpignan. Et Tonnellé,
après « être allé tristement faire presque raser ses pauvres
cheveux qui tombent affreusement ». achève ses commis-
sions et écrit toute la nuit.

A cinq heures et demie du matin, le 18 août, départ
pour cette nouvelle grande course ; de Luchon à Perpignan
par l'Espagne, souvent faite déjà, mais non encore décrite.

Et les notes reprennent, rapides, tranchées, colorées, feuilles d'album de peintre.

Le départ est mélancolique, et d'un homme qui a été réellement séduit par Luchon et l'a passionnément aimé : « Le temps est chargé de gros nuages blanchâtres et lourds qui sentent la pluie. Les montagnes du port sont découvertes et, quoique sombres, d'une netteté de détails incroyable. Adieux à Luchon, à l'allée d'Etigny, à l'établissement. Passé à Saint-Mamet, Castel-Viel, etc., à tous ces lieux familiers qui défilent une dernière fois.... Remonté le charmant et agreste vallon de Burbe : fonds de prairies coupés d'arbres et de lignes de haies, comme en Normandie. Une dernière vue sur les glaciers de Crabioules. . . . .

« On traverse un coin de la forêt. Le temps est étrange : derrière nous, les lignes des montagnes sont d'un bleu épais, mat et intense, se détachant comme de l'encre sur la teinte jaunâtre et fauve des nuages. Air si différent de l'air vif et matinal des montagnes ! Air tiède et mou, brise faible et comme expirante qui vient mourir contre nous. . . . Tout est langueur dans la nature. Triste, pesante, mais poétique matinée : c'est la tranquillité de l'automne avec la chaleur de l'été. Rencontré des Espagnols qui portent à Luchon, dans des corbeilles, de vermeilles framboises de montagnes. . . »

Voici le Portillon, la maison des *carabineros del Reyno*, la chapelle Saint-Antoine et le chemin de Bosost, qui paraissent *bien plus petits et plus courts que la première fois* (la vivacité des premières impressions ne se retrouve pas !), la vue sur le fond de la vallée d'Aran, toujours superbe ; le point culminant des beautés du val d'Aran, autour de l'entrée de l'Artigue-Tellin : délicieuse position du village de Lasbordes assis entre deux mamelons, son clocher au milieu, se détachant sur les belles pentes de l'Entécade ; les flancs des coteaux sont garnis d'une infinité de beaux

villages ; puis magnifique terminaison de la vallée par
l'amphithéâtre des monts du port de Viella ; plus à gauche,
« des sommets inégaux, crénelés, dentelés, bizarrement
découpés. Très beau ». Après Viella, la vallée bien moins
belle, sans forme. A trois heures, Salardu : vue de la
Maladetta, orage et pluie battante. Port de Béret, l'œil de
Garonne, *un filet d'eau terreux, insignifiant* (ô Chausenque !
voilà une excursion dont l'avenir est compromis !), la
source de la Noguera, et un *haut plateau, jaune, triste,
insignifiant* (il ne faut pas voir la demi-montagne quand on
a encore dans l'œil le Néthou et le Mont-Perdu). Hermitage
de Mongarri, appartenant au baron Bertrand, vice-consul
de France à Lérida ; sur le vu de la carte du docteur Lambron,
hospitalité gratuite. Partie de dominos avec « el padre cura,
señor Ventura, type parfait de l'épanouissement vulgaire
et satisfait dans sa simplicité ». A neuf heures, souper
« splendide » : soupe à l'huile, « qui n'est pas désagréable »,
poulets, truites, etc. (Chausenque, qu'en dites-vous ? et que
les temps sont changés !)

Le 19, réveil : « abondance et familiarité des puces ».
Prière dans la chapelle, mélancolie, aspiration de retraite :
« goûter toujours le calme heureux et serein de cet asile ! »
Matinée fraîche, gros nuages épais au-dessus des sommets.
Nouvel aspect, pâturages ; il y a du charme, *le champêtre
sévère des hauteurs.* Descente (sur Mongossou) dans la
vallée de la Noguera, et traversée d'une belle forêt (de la
Paillaressa) : « les rameaux tout chargés de gouttes de la
pluie d'hier, chaque arbre est comme une girandole chargée
de pendeloques de cristal qui tremblent et étincellent au
soleil et passent par toutes les couleurs du prisme. Cette
promenade dans la forêt est ravissante. . . ».
Changement d'impression : la vallée se poursuit sans
intérêt, de plus en plus aride, triste, *insignifiante,*

(décidément la Catalogne paraît fade, après la saveur
intense de l'Aragon : on voit que Tonnellé a du mal à s'y
faire !).

A Alos : « Triste et repoussant aspect des villages catalans,
masures de pierres non taillées, basses, noires, toits
effondrés, pans de murs écroulés, vieux balcons en bois aux
barreaux sculptés et disloqués ; masures, chenils, au milieu
d'une contrée sèche, stérile, hérissée de rochers, avec une
population à l'air dur, digne, sévère, presque menaçant, ne
se courbant pas. Parmi ces masures informes on voit des
portes en ogive, des fenêtres de la Renaissance, dignes
d'une prospérité passée. » Plus loin : « vallée de plus en
plus desséchée ».

Le gros bourg d'Esterri, très pittoresque, avec ses grands
toits plats et saillants, et sa quantité de balcons en bois et
en fer et de grands rideaux blancs flottant hors des fenêtres.
Hospitalité chez Don Buenaventura, jeune homme « qui
a fait au printemps un voyage de deux mois à Paris pour
son plaisir, et qui y a dépensé six mille francs ». Très beau
dîner, avec truites de la Noguera, bon vin de le Concha,
vin rancio de vingt ans.

A la descente sur Escalo « *l'intérêt languit un peu* »
(sic). Mais à Escalo même, une scène pittoresque ramène
tout à fait l'entrain :

« Comme nous arrivons, on sort des vêpres. Cortège de
paysans en grands habits de fête : belles vestes de velours
bleu à boutons de métal, bonnets rouges, vestes de diverses
couleurs ; en tête, une clarinette et une cornemuse. Aussitôt
on nous entoure, on s'empare de la bride de nos chevaux,
et on nous escorte, musique en tête, sur la place. Là on fait
halte, on nous offre le pain et le vin ; pain plat, bon comme
du gâteau. . . Les femmes, au balcon, regardent, en beaux
fichus de tête, corsages rouges, etc. Cordialité, air ouvert,
physionomies expressives, gestes vrais de ces gens. Le lieu

de la scène est une place entourée de maisons noires,
sombres, qui contrastent avec l'éclat des habits. Je reste
étourdi et charmé de ce spectacle inattendu. »

Liavorsi, village en bastion : « Les murs à peine percés
se confondent avec la pierre sur laquelle ils sont fondés.
*Dans cette contrée les habitations humaines attristent
encore la nature.* . . Bons chemins. »

Tirvia.

IX.

ANDORRE. — URGEL.

La course reprend, toujours de l'allure la plus vive : le
tableau fait d'un mot ; on croirait voir défiler des projections :
pentes rocailleuses ; — jolie vue de Tirvia ; — villages de
Catalogne, juchés sur des éminences ou suspendus sur des
pentes comme des nids de vautour, ils cherchent une position
défensive. — Col de Sò, le vent est glacé en plein soleil ;
descente en tournant parmi une végétation de genièvres et
de sapins courbés par les vents et dont les grosses racines
ligneuses sont mises à nu par les eaux : « le bruit du vent
dans leurs branches est comme celui de la marée montante » ;
gorge assez profonde. — Remontée : col d'Os. — Village
d'Os : « ces villages si noirs, si sales, sont gracieusement
groupés et charmants de lignes ». — Gorge en labyrinthe,
chaleur brûlante. — Frontière d'Andorre : forges, moulins.
Charmant village de Bixerarri, enfoui dans la verdure avec
des eaux écumantes de tous côtés ; une pauvre petite église,
basse comme une étable. — La gorge s'agrandit, le torrent
mugit profondément : débouché sur la vallée de « Balira »,
cultivée, d'une belle végétation. Andorre brille au loin.

L'Andorre, plus connu par l'Opéra de M. Halévy que

par lui-même, disait le guide Joanne de 1858. C'était donc, cette année-là une nouveauté, que ces lignes de Tonnellé :

« Le val d'Andorre, au centre duquel est situé la ville, est riant, charmant, verdoyant, arrosé d'eaux abondantes et magnifiques. Un fond de prairies, un vrai tapis uni, éclatant de verdure, ombragé de bouquets d'arbres et enfermé dans de beaux rochers, éclairé d'une fraîche et tranquille lumière. »

Arrivé à l'auberge, Tonnellé nous donne la mesure de sa concision, il ne perd pas son temps à s'étaler sur la constitution politique de l'Andorre, et règle la question d'un trait :

« Je fais consciencieusement des questions sur le Gouvernement de ce pays et je ne parviens pas à en bien comprendre le mécanisme, surtout exposé en catalan. Ils paient des impôts à l'Espagne et à la France. L'organisation de la justice me semble assez peu claire, mais le vieux maître de l'hôtel se résume d'une façon charmante : les juges sont peu utiles ; ici on peut tout faire, *nous avons la liberté en grand*. Mot charmant. »

Et Tonnellé va se coucher. Dans quel lit, grands dieux ! Le lendemain matin il note : « J'ai été affreusement dévoré par toutes sortes d'insectes » (eux aussi ont donc *la liberté en grand !*). « Senti les frôlements de monstres qui cheminent à travers ma barbe, rampent dans mes cheveux ; senti l'agacement de leurs petits pas. . . »

Mais le temps est radieux : vite, visite de l'Andorre, conduit — couleur locale — par un vieux chevrier (ô Halévy !), lequel chevrier, dès la première difficulté de chemin, s'égare (!). Ordino, Canillo, « tout ce qu'il y a de plus noir et de plus misérable. Descente d'un pas rapide, le chevrier ne peut pas suivre (!) ; Las Escaldas : « rien de plus beau que la position de ce village, c'est au moins aussi beau et plus sauvage qu'Argelès ». Et à midi, c'est fini (un véritable *tour du propriétaire*, avant le déjeuner). Le vieux chevrier « traîne la patte ».

Départ ; Saint-Julien (de Loria), frontière d'Espagne, carabiniers très aimables ; la montagne s'abaisse, vignes, figuiers ; dans une large vallée, Urgel, assise dans les prairies. Arrivée à la *Casa Calendrio*. « Pas d'accueil, personne ne se dérange ». Table commune avec des gens du pays, des muletiers : la discussion s'anime sur les qualités des chevaux et des mulets et « il se fait un bruit terrible. Privilège de ces populations du Midi de se passionner...»

Vive description d'Urgel, en quatre tableaux :

La ville. 22 août, sorti à huit heures pour visiter la ville. Maisons hautes et étroites avec balcons et toits très saillants. Des ruelles où des toiles tendues de chaque côté se rejoignent. Murs blancs, peu d'ouvertures, sous les maisons, grandes galeries d'arcades profondes et sombres ; là, dans l'obscurité, sans apparence, se cachent les boutiques en échoppes qui semblent vouloir fuir les regards plutôt que les attirer... »

La place : « Aujourd'hui dimanche tout est ouvert, le marché se tient sur la place. Les hommes coiffés de leurs grands bonnets rouges, les femmes en jupes bleues, tabliers éclatants, rayés, corsages de velours, la tête couverte d'un mouchoir blanc noué sous le menton et enveloppant tout le cou ; presque des béguines. Beaucoup de filles de Catalogne au teint clair et frais : *a fair complexion*. Un beau grand jeune gars causant avec une jeune fille devant l'église. Expression de sérieux presque sévère ; réserve et air contenu d'autant plus frappant qu'au-dessous on sent la force et l'ardeur... Etalages de livres populaires, la plupart ayant trait aux guerres civiles... Les prêtres en grand nombre, coiffés de leur grand chapeau, enveloppés de leur manteau noir : ils ont quelque chose de très sévère. »

La cathédrale : du xie retouché, rapiécé, altéré, et mutilé

de mille manières. « Peu ou pas éclairé, quand on entre on
ne distingue presque rien. Dans ce sombre intérieur ne
glissent que quelques rayons de jours égarés, étranges,
perçants, d'une lueur et d'une couleur singulières, c'est du
Rembrandt méridional... Cela me rappelle la synagogue de
Prague, un culte jaloux et sombre. Sur les pupitres
d'énormes missels ; devant le sanctuaire de grandes lampes
en cuivre : quelque chose de gigantesque et de terrible qui a
un cachet particulier et fait une profonde impression. »

Le palais épiscopal. « Entré dans une petite cour où je ne
rencontre personne. Petit jardin où poussent quelques tiges
de maïs, quelques arbres, à peine agités par un souffle sous
le soleil brûlant. Quelques feuilles tombées annoncent
l'automne. Il y a un sentiment de mélancolie profonde dans
ce silence, ce calme recueilli, et cette solitude au sein de
cette vive et chaude lumière. Un cadran grossier sur le mur.
Sicut umbra transit homo. Monté le grand escalier désert
et entré dans la galerie... On a d'une fenêtre la vue de
cette belle vallée de la Sègre, inondée de lumière entre les
pentes douces des montagnes. Délicieux horizon et charmant
ensemble que le pauvre palais épiscopal. On aimerait à y
vivre isolé, détaché c'est la première fois que je comprends
la *mélancolie* dans le Midi. »

Pour résumer : « Je rentre très frappé de cette petite
ville, avec une foule de pensées se pressant comme quand
on voit quelque chose de nouveau qui éveille des idées non
encore classées. Espèce de trouble dans l'admiration et de
crainte de perdre une de ces impressions nouvelles. »

Et à dix heures, départ d'Urgel pour des régions moins
inédites dans la littérature pyrénéiste : « ravissante » vallée
de la Sègre, bains sulfureux de San-Vicente, Puente-de-Bar,
Aristot, « un nom singulier », Bellver, la Cerdagne. « Revu
des chars pour la première fois depuis longtemps, et une race

de grands et beaux bœufs du pays ; on quitte la vie pastorale pour entrer dans la vie agricole », — Puycerda. — Enfin, la frontière, Bourg-Madame. Ici, petite chambre proprette, cuisine française, joie ; babil et amabilité française, causerie, douceur du lit !

X.

ROSAS. — LE CAP CREUS.

Naturellement, Tonnellé, rentré en France, et faisant étape à Mont-Louis, puis au Vernet, et de là à Prats de Mollo, vise le Canigou, dont l'ascension est « une plaisanterie ». Le Canigou, vexé de cette appréciation, répond en se couvrant de nuages qui se fondent en pluies torrentielles. C'est « un crève-cœur ».

Très maladroit, le Canigou ! il avait voilé la vue à Arbanère et à Chausenque ; une occasion lui vient de retrouver une belle page, il la refuse ! Et quand il revient à de meilleurs sentiments et se décide à reparaître dans le beau temps, il est trop tard, l'écrivain est pris par une autre vision, enchanteresse ! A un détour de la route de Prats de Mollo à Arles, à un petit col après une montée, le soir venant, au-dessus de la gorge sombre du Tech, une ligne brillante ! « Les montagnes du fond se creusent et s'évident avec une grâce infinie, comme le bord d'une belle coupe, l'horizon s'élargit, se recule, s'éclaire : *Halte ! et salut à la mer, à la Méditerranée !...*

« Au-dessus de la verdure vive du premier plan et du fond de la vallée, des teintes sombres des divers plans des montagnes qui s'éloignent, paraissent dans la splendeur radieuse du couchant les habitations brillantes des hommes : des maisons blanches étincelantes au soleil, et une citadelle plus élevée au-dessus ; tout cela dans un horizon lointain.

Puis au loin, entre une ligne d'un azur clair et le ciel pur,
une bande d'un bleu plus foncé : c'est la mer. Descendu de
cheval pour contempler cette admirable apparition dans la
lumière du soir. »

Immense exaltation dans cette tête de poète et de peintre
brûlée par deux mois de montagne et de soleil pyrénéen.
Dès lors, commence pour ne plus s'interrompre, l'hymne à
la Méditerranée vue des dernières Pyrénées.

« Comment, en voyant au loin ces lignes abaissées et
adoucies des hauteurs qui s'effacent, cet horizon d'or, de
pourpre et d'azur, l'habitant des âpres montagnes n'imagi-
nerait-il pas là des régions plus fortunées, au soleil clément,
aux communications plus faciles, une vie plus douce et plus
exempte des tracas de l'humanité. De même l'habitant des
plaines rêve une vie plus fraîche, plus libre, plus pure, plus
heureuse, sur ces sommets sereins, bleuâtres, perdus dans le
ciel. C'est l'illusion du lointain et d'une vie différente,
meilleure, à trouver autre part.

» Je ne me suis pas lassé de contempler cette bande bleue
noyée dans l'horizon vermeil du soir. . . Ce sont les premiers
flots de la mer qui baigne les plus beaux rivages de la
Terre. . .

» Je suis heureux d'avoir aperçu ce soir pour la première
fois cette belle mer, dans une heure calme et recueillie, par
dessus l'ombre et la fraîcheur de ces belles montagnes,
plutôt que de l'avoir vue d'abord au delà des cloaques et des
fabriques de Marseille, comme c'est le cas de presque tous
les Français.

» Cette vue n'a duré qu'un moment, mais elle efface tout,
le reste du chemin !. . . »

D'Arles-sur-Tech, où il va coucher — à l'auberge de
Rousseau, oncle ou cousin du peintre Théodore Rousseau,
— il pourrait encore aborder le Canigou, le matin du 26 août

le temps est pur et radieux. La Méditerranée l'emporte, et la délicieuse vallée du Tech avec la chaîne des Albères se détachant délicatement sur un ciel éclatant. Par Céret et le col de Perthus, il va rentrer en Espagne et coucher à Figueras, toujours ravi de la pureté et de la douceur exquises de l'air et des nuances, et des grandes silhouettes blanches des Pyrénées se dessinant moelleusement et nettement sur le ciel étincelant.

Le matin du 27, à Rosas, « surprise enchanteresse au premier aspect de la Méditerranée ». Il pense avoir un éblouissement, et toutes les fois qu'il lève les yeux « c'est un nouvel étonnement et un nouveau charme non affaibli. Teinte d'une richesse, d'une vigueur, d'une profondeur incomparable, indigo foncé, mais avec un charme lumineux... La chaîne des Pyrénées, d'un ton vaporeux, délicat, lumineux, exquis, se rapprochant de la teinte du ciel.... les deux teintes, quoique peu marquées, se détachant très nettement l'une sur l'autre : elles vont s'évaporant de plus en plus, à la fin ce n'est plus que comme un *duft* (vapeur légère) de montagnes flottant à l'horizon ». (Admirablement exact!)

Alors, c'est une longue station sur une jetée, au-dessus de l'eau bleue — « de cet élément inconnu à notre Nord » — en regardant le va et vient de barques qui portent à terre le blé de deux navires; les matelots catalans au bonnet rouge, aux pantalons relevés jusqu'au haut des cuisses, aux beaux jarrets tendus, brunis, « encore un commentaire des tableaux de Claude Lorrain »; en aspirant par tous les pores la lumière, l'air, la mer, la beauté, la caresse de toute la nature : ces nuances magiques, ces contours charmants, cette splendeur douce qui vous baigne. « C'est comme l'apparition du Midi qui se lève devant moi, le sens de cette nature qui se réveille, l'entraînement invincible qui s'opère... Une fleur de beauté sur toutes choses... Volupté physique et esthétique de ces climats !... »

Ivresse absolue de la lumière : la tête tourne ! Le style

reste sain, d'une rare fermeté : « *Ici tout est ouvert, tout est lumineux, tout est extérieur, tout enivre et pénètre l'homme d'une caresse si douce, qu'elle lui fait oublier toute autre chose que de la sentir. La terre n'est rien ici, elle peut être sèche, aride. — Il y a la lumière, l'eau, le ciel et la forme...!* »

Le temps passe. « Il faut s'arracher ! » Départ, à travers le cap Creux, coupant sur Selva. Vue délicieuse, imagination portée vers la Grèce...

Le jour tombe. Un dernier tableau, la fin des Pyrénées dans la mer :

« A gauche, de beaux pics assez élevés, bruns, aux couleurs sévères. Le passage est fermé le long de la côte par les dernières marches de la chaîne qui disparaissent à pic dans les eaux... Le cap s'allonge gracieusement et infiniment sur l'eau, les sommets s'abaissant progressivement, jusqu'à ce qu'il finisse par deux petites pointes de rochers détachés et semblant flotter sur l'eau, où il meurt délicieusement...

» Le soleil s'incline ; tout ceci est recouvert de cette gaze vaporeuse de la lumière du soir qui harmonise et transfigure les nuances. » (Presque une phrase textuelle de Ramond !) « Tout repose dans la splendeur, ciel, mer, et montagnes. C'est le point culminant de toutes ces beautés.

» Du sommet, jeté un long et dernier regard vers la rive espagnole, vers la vision de lumière ; et redescendu la pente, qui cache bientôt tout à fait ces splendeurs évoquées pour un instant. C'est une des plus vives émotions de ma route. »

Le récit continue, exalté. Coucher à Banyuls : clair de lune. A la tête du lit un reliquaire que le religieux jeune homme décrit : « une poussière étiquetée ».

Port-Vendres. Comme Arbanère jadis, Tonnellé est tenté

par cette belle eau. « Désir du bain... Le soleil pénètre et vous échauffe à travers l'eau. » Ici, il cite Schiller et se rappelle Trouville. « En sortant, séché au soleil et au vent tiède de la Méditerranée qui vous enveloppe comme d'une caresse. *Quel pays !* »

La dernière ascension, le phare de Port-Vendres ! Vue sur le Canigou, la ligne monotone des Corbières, Collioure, le fort Saint-Elne, Argelès-sur-Mer, Perpignan. « Voilà ce qu'il aurait fallu apercevoir du Canigou, la courbe de ce beau rivage. . . »

Le 29 août, il arrive à Perpignan. « Toilette à fond. » C'est sur ce mot pratique que finit le voyage aux Pyrénées.

Mais aussitôt commence un autre voyage, archéologique. Narbonne, Carcassonne, Béziers (où son ami Heinrich vient le rejoindre); puis quelques jours aux environs de Saint-André; puis Cette, Montpellier, Aigues-Mortes, Nîmes et St-Gilles, Avignon, Vaucluse, Saint-Rémy, Arles, et le 17 septembre Marseille.

Ici des accès de fièvre le prennent, il les mate à force de quinine et d'énergie. Son ami Heinrich le quitte. Tonnellé continue, domptant le malaise, et toujours l'œil à tout, et toujours écrivant : Orange, Valence, Lyon, Mâcon et l'église de Brou, Lyon encore.

Dévotion à Notre-Dame-de-Fourvières. Et ce jeune homme si religieux, si catholique, qui à l'hospice de Gistain a intercalé dans ses notes une ardente prière, qui a été si impressionné par la petite chapelle de Mongarri, ici reste de glace. « Est-ce ma faute si ces sanctuaires vénérés ne me font pas dès l'abord une impression d'édification et de piété ? Sans doute je suis un *délicat* en matière de religion. » Et Tonnellé écrit ceci en 1858, l'année des apparitions de Lourdes !...

Mais il ajoute : « Pourquoi ces lieux n'auraient-ils pas une vertu ? Pourquoi tant de prières pures et sincères dans un coin du monde ne l'auraient-elles pas sanctifié ? »

Le 27 octobre, à Roanne, il est à bout d'énergie, clôt son récit en laissant enfin échapper le cri de l'épuisement : « Couché à neuf heures après avoir écrit mon journal. Dernière nuit *from home.* » Dernière nuit loin de la maison !

Le lendemain il prend le train et rentre à Tours chez sa mère. La fièvre typhoïde se déclare, des plus graves et douloureuses. Le jeune homme, stoïque, est assisté de son ami le Père Gratry. Le 14 octobre, il meurt.

Pas tout entier ! Il a « abouti », et il laisse un livre. Non le livre vaguement rêvé : dissertation philosophique, ou étude d'art sur les maîtres anciens, visant à combattre le réalisme, et destinée probablement à se perdre bientôt au milieu des innombrables travaux de même ordre déjà existants. Il laisse un livre original, durable, quarante ans inconnu, mais qui finalement le tirera de pair et le classera pour toujours au premier rang des écrivains pyrénéistes (le lot est enviable) ! Le hasard des voyages l'a bien servi ! Livre écrit d'un style décisif, au moment décisif. avec la poésie des hautes régions, le sentiment religieux sans affectation, la couleur, même *l'ivresse des tons rares* (si capiteuse !) mais sans recherche « d'épithètes rares ». Tonnellé peint avec le simple et pur français éternel, qui ne vieillit pas. Il a la rapidité et la précision de la vision, la netteté et la fermeté du rendu. Au sens de la sublimité des ensembles il joint ce qui va être désormais la caractéristique des écrits montagnards : la réalité et la vie exprimées par l'exactitude absolue des détails.

Et il ne laisse pas qu'un livre : il a ajouté à la connaissance pittoresque des Pyrénées son pic, d'abord, la Fourcanade, et bien plus qu'un pic, un versant. Le premier, Tonnellé a été le peintre des Pyrénées espagnoles !

XI

LES PYRÉNÉES SONT-ELLES ÉPUISÉES ?

Stationnant à Luchon, élève de Lézat, évoluant — autour
de Luchon pour centre — accompagné de guides luchonnais,
Tonnellé appartient nettement au parti des pyrénéistes
spécialement amoureux de Luchon.

Avec lui nous arrivons au plus haut point de la gloire des
grands pics luchonnais. — Qui dit plus haut point ne dit-il
pas commencement prochain de la décadence ?

A ce propos, un opuscule curieux : *les Cent guides
Luchonnais, par P. Stradère*. Saint-Gaudens, imp. Tajan,
1860, in-12 de 48 pages. Ce sont des vers, incohérents et
souvent faux. Il se rattachent au pyrénéisme bonapartiste.
Stradère, fervent impérialiste, écrit à l'apogée du second
empire, au lendemain de la guerre d'Italie, alors que
Napoléon III (né huit mois et demi après le départ de la reine
de Hollande de Cauterets) séjournant à Saint-Sauveur avec
l'impératrice Eugénie, inaugure le fameux pont Napoléon,
le pont de sortie de la vallée de Luz, un demi siècle après
que la reine Hortense a inauguré le pont d'entrée...

(La reine Hortense était venue à Cauterets, non en 1808,
comme le dit la duchesse d'Abrantès, mais en 1807, 18 juin-
10 août. Elle célébra la paix de Tilsitt sur le col de Vignemale : la nouvelle en était parvenue la veille. Le roi Louis
passa à Cauterets une dizaine de jours.)

Dans sa brochure Stradère donne une note caractéristique.

Ému, dit-il, par la belle tenue des guides Luchonnais,
il sent naitre en lui l'idée d'écrire quelques mots sur ce
corps joyeux :

> « Salut, Pyrénéens, vous guides luchonnais,
> Vous qui portez si bien le bonnet béarnais.

Salut, beaux écuyers, vous qui des Pyrénées
Parcourez si gaîment les riantes contrées
Si belles, en juillet, à l'œil de l'étranger....
..... Guides joyeux, brossez vos citadines :
Qu'on voit sur d'Etigny flotter de crinolines !
Soudain un escadron de guides montagnards
Se rallie au mot d'ordre sur le beau Champ de Mars
Accepte les couleurs que révère la France,
Salue son drapeau, et puis avec cadence
Attaque en chœur fourni l'hymne du montagnard,
Fait haut claquer le fouet, pour signe de départ.
Voyez s'il est charmant le guide luchonnais,
Et toujours bien posé, coiffé en béarnais,
Habit noir, gilet bleu, sa brillante ceinture
Chaussant pantalon blanc, sa plus belle parure,
Son col bien azuré, repassé par Nini.
Le voilà comme il pose auprès de sa Jenny
Qui lui passe les gants, lui disant : « Du courage !
Pique des éperons. Adieu : que le voyage
Soit heureux, lucratif ; fait donc claquer ton fouet,
Sois fidèle et constant..... »

Nous voici dans l'opéra-comique !

« Les courses d'aujourd'hui, d'un genre différent,
Prennent le goût princier, oubliant le vieux temps
Où le guide éreinté, chaussé de sa spadrille...
Parcourait en Saint-Jean les pics et les vallons....
Et quand venait le soir, le preux guide éreinté
Pouvait à peine aller de l'hôtel au café.
Alerte ! renaissez, piétons des Pyrénées....! »

Ou en prose : « Chose déplorable ». dit Lambron, « la
spécialité des guides-à-pied, autrement dit des guides de
sommets, se perd dans les Pyrénées, depuis que la création
des routes et d'excellents sentiers a fait rechercher si vivement les courses à-cheval.... »

Alors, on ne grimpera plus, aux Pyrénées ?
D'ailleurs, soixante-dix ans d'efforts, depuis Ramond, ne
les ont-ils pas épuisées ?

Si les Pyrénées consistent dans les sites d'un pittoresque exceptionnel : vallée du Gave de Pau, Gavarnie, Troumouse, Tuquerouye, vallée de Pinède, Ordessa, val de Jéret, lac de Gaube, lac d'Oo, lac glacé du Portillon, port de Vénasque, Gregonio ; ou dans les beaux observatoires ; ou dans les régions moyennes du versant français, tout est vu : quoique certains traits du tableau, qui n'ont été que tracés une fois et non appuyés, se soient effacés.

Si une chaîne est épuisée du moment où l'homme a posé une fois le pied sur les sommets principaux, tout est fait.

Les trois grands sommets espagnols sont faits. Le Néthou est une promenade publique, et à côté de lui le pic du Milieu et le pic de la Maladetta sont faits. Le Posets est fait. Le Mont-Perdu est fait, avec le Taillon et le Marboré.

Le grand sommet français, le Vignemale, est fait.

Les pics difficiles, le pic d'Ossau, la Fourcanade, sont faits.

Le grand sommet périlleux, le Balaitous, est fait, et le Pallas par dessus le marché.

L'Ardiden est fait, le Néouvielle est fait, le Cambiel est fait.

Le pic de Troumouse est fait.

Les hauts sommets de Luchon, pic du port d'Oo, Perdiguère, Quairat, Intermédiaire, Crabioules, Maupas, Boum, sont faits.

Les pics observatoires, de la Rhune à l'Arbizon, sont faits.

Les sommets orientaux, du Montcalm au Canigou, sont faits.

Il semble ne rester à conquérir que des pics inférieurs, des pics de consolation.

La renommée des Pyrénées paraît pâlir. Elles ne sont plus suffisantes aux grimpeurs très forts, qui vont ailleurs, aux Alpes, vers les « pics de quatre mille ». Déjà le Cervin attend ses victimes.

Eh bien, non, les Pyrénées ne sont pas épuisées ! Certes, l'on sait beaucoup sur elles, mais ce qu'on sait est mal lié et ne forme pas corps. Et contre l'apparence, elles réservent à ceux qui leur seront fidèles des régions vierges, d'invraisemblables et merveilleuses surprises, et la gloire ! Les Pyrénées, sous bien des rapports, surtout au point de vue des sommets et du versant Sud, sont plutôt déchiffrées que sues,— comme ces leçons si vite oubliées qu'on a simplement lues une fois ! Dans l'ensemble elles rappellent ces premiers états des gravures, que l'on appelle « la morsure à l'eau forte » et qui offrent des parties fortement attaquées, presque trop déjà ; d'autres, indiquées, ébauchées ; d'autres, réservées et laissées en blanc. L'œuvre a besoin d'être reprise, complétée, burinée.

La logique n'indique-t-elle pas ce qui reste à faire ?

Le plan en relief, une reproduction exacte partielle existe pour une région. — Et pour les autres ?

La carte du versant français va paraître. — Et celle du versant espagnol ?

La « tournée » occidentale française, la tournée de Ramond, est écrite et redite ; la tournée orientale, la tournée de Chausenque, est écrite ; la tournée par l'Espagne, la tournée de Tonnellé, vient d'être esquissée...

— Mais quelle nouvelle « tournée » pourrait-on bien imaginer ? D'une mer à l'autre par la pointe des pics ?

— Cela même ! Et voici celui qui la fera. Précisément, il vient d'effectuer sa première grande ascension : le 10 août 1858, il était avec Tonnellé au Mont-Perdu.

TABLE DES MATIÈRES.

Romantisme.

1834-1839.

Franqueville et Tchihatcheff.

Au Milieu du Siècle.

Les Officiers topographes.

Lézat.

LILLE. — IMPRIMERIE L. DANEL.

www.ingramcontent.com/pod-product-compliance
Lightning Source LLC
LaVergne TN
LVHW011003180726
843502LV00004B/1302